● 李仲泽 著

注册制改革与IPO公司信息披露研究
——基于创业板和科创板的对比

Registration System Reform and Information Disclosure of IPO Companies
——Based on The Comparison Between GEB and SSE STAR MARKET

中国财经出版传媒集团
中国财政经济出版社

图书在版编目（CIP）数据

注册制改革与 IPO 公司信息披露研究：基于创业板和科创板的对比 / 李仲泽著 . -- 北京：中国财政经济出版社，2022.12

ISBN 978 - 7 - 5223 - 1614 - 7

Ⅰ.①注⋯　Ⅱ.①李⋯　Ⅲ.①上市公司－企业管理－研究－中国　Ⅳ.①F279.246

中国版本图书馆 CIP 数据核字（2022）第 147670 号

责任编辑：陈志伟　　　　　　责任印制：史大鹏
封面设计：卜建辰　　　　　　责任校对：张　凡

注册制改革与 IPO 公司信息披露研究：基于创业板和科创板的对比
ZHUCEZHI GAIGE YU IPO GONGSI XINXI PILU YANJIU：JIYU CHUANGYEBAN HE KECHUANGBAN DE DUIBI

中国财政经济出版社 出版

URL：http：//www.cfeph.cn

E - mail：cfeph@ cfeph.cn

（版权所有　翻印必究）

社址：北京市海淀区阜成路甲 28 号　邮政编码：100142
营销中心电话：010 - 88191522
天猫网店：中国财政经济出版社旗舰店
网址：https：//zgczjjcbs.tmall.com
北京时捷印刷有限公司印刷　各地新华书店经销
成品尺寸：170mm×240mm　16 开　12.25 印张　181 000 字
2022 年 12 月第 1 版　　2022 年 12 月北京第 1 次印刷
定价：68.00 元
ISBN 978 - 7 - 5223 - 1614 - 7
（图书出现印装问题，本社负责调换，电话：010 - 88190548）
本社质量投诉电话：010 - 88190744
打击盗版举报热线：010 - 88191661　QQ：2242791300

摘　要

本书关注 2019 年 7 月实施的新股发行注册制改革（本书简称"注册制改革"）的必要性、内容和改革逻辑，以及本次改革在 IPO（Initial Public Offering）公司信息披露质量方面取得的成效这两个主要问题。新股发行制度是资本市场的基础性制度，是 IPO 公司行为的指挥棒。其中，信息披露制度是新股发行制度的核心组成部分，对 IPO 公司信息披露质量将产生重要影响。IPO 公司在上市前所披露的信息具有丰富的内容含量，将引导资产价格的形成，最终对资本市场的稳定性、资源配置效率产生基础性的影响。自我国资本市场诞生以来，新股发行制度改革尤其是 IPO 公司的信息披露一直是学术界的重点研究话题。

本次改革是注册制这一成熟资本市场制度在我国这样一个新兴资本市场的全新尝试。过往关于注册制的研究成果主要建立在成熟资本市场相对稳定的环境之上，关于注册制在我国实施的具体研究，仍然停留在理论推导、情景假设和制度设计建议层面，尚未有研究立足于本次改革，通过定性和定量相结合的方法，对改革的必要性、内容和逻辑以及改革的成效进行系统深入的分析和检验。在我国资本市场处于注册制试行并逐步向全面实施过渡的关键阶段，立足于改革本身，从信息披露的角度对注册制改革的必要性、内容和改革逻辑开展质性研究。同时，针对本次改革在信息披露方面的成效进行实证检验，无论是对学术界深入开展注册制在我国资本市场的应用研究，还是政策制定者进一步全面推广实施注册制，以及各类市场主体及时调整行为策略，均具有十分重要的参考意义。

基于上述分析，全书将分为两个主要部分对注册制改革展开研究：

第一部分是从信息披露角度对注册制改革展开的质性研究，遵循"为什么改、改了什么、借鉴优化"的基本逻辑,从理论和制度层面回答三个问题:(1)从信息披露的角度分析注册制改革的必要性;(2)相较于现行制度(即核准制),注册制改革中IPO信息披露制度有何发展;(3)相较于成熟资本市场的注册制,本次注册制中的IPO信息披露制度有何异同。

第二部分是注册制改革在IPO公司信息披露质量方面取得成效的实证检验,遵循"硬信息和软信息并重"的基本逻辑,主要回答两个问题:(1)注册制改革在IPO公司财务信息披露质量方面取得的成效如何?(2)注册制改革在IPO公司文本信息披露质量方面取得的成效如何?

针对第一部分的三个研究问题,本书首先通过回顾新股发行制度的改革历程,借助委托代理模型的理论分析框架分析了注册制改革的必要性。注册制是调整资本市场信息披露模型中委托代理关系的关键变量,能够对发行人的信息披露行为形成有效激励约束机制,从而提升信息披露质量,优化资本市场资源配置。

其次,本书对比分析了注册制与核准制。研究表明,在立法与监管理念方面存在以下变化:第一,注册制改革本质是新股发行权属性的变化,新股发行权由行政许可权变为了特殊的商事权;第二,注册制改革体现了我国信息披露理念以强制信息披露为主,自愿信息披露为辅;第三,本次注册制改革通过立法的方式,构建了我国资本市场多元主体的信息披露法律责任体系。在信息披露制度及实践方面存在以下变化:第一,注册制更加强调投资者导向的信息披露;第二,信息披露内容结构比重发生变化,关于未来发展的信息、风险因素、核心技术、投资者保护相关描述的占比明显增加,并且披露的充分性显著提升。

最后,本书对比了A股注册制与港股注册制。在法律监管方面:第一,A股法律法规对信息披露的规定和要求更加具体详细,新修订的证券法针对欺诈发行等违法行为的处罚力度比港股更大;第二,港股的权力重心在香港联交所,侧重于自律管理,A股的权力重心在中国证监会,侧重于行政管理;第三,中国香港证监会能够采用更加高效的法律救济权利维护投资者权益,中国证监会的维权途径相对有限;第四,中国香港的市场与社会监督力量更加成熟,中国内地仍然有较大的成长空间。在信息披露实践方面:第一,港股的信息披露相关性更强,逻辑更加清晰,且易于提取;第二,A

股的信息披露充分性更高，港股招股章程的信息相对较为简单。

针对第二部分的两个研究问题，首先，本书实证检验了注册制改革在IPO公司财务信息披露质量方面的成效。研究结果表明：第一，注册制改革显著提升了IPO公司的财务信息披露质量，这一结论在通过变换模型设定、变换样本选择时间区间、通过多重PSM方法矫正样本选择偏差等多重稳健性检验之后依然成立；第二，进一步研究发现，融资需求强烈的公司，注册制对其财务信息披露质量的改善作用更加明显，本次注册制改革的初衷正是希望为实体企业拓宽融资渠道，为亟须发展资金的公司提供资金支持，结果表明本次改革正在按照政策预想的路径落实；第三，注册制对IPO公司财务信息披露质量的提升作用受到其公司治理及其外部环境以及金融中介机构的显著影响。在公司治理水平方面，注册制改革对于公司治理水平较低的公司的财务信息披露质量的提升作用更加明显，表明注册制改革改善了外部治理环境，能够有效弥补内部治理机制缺乏对信息披露质量造成的负面影响；在外部治理环境方面，注册制改革的政策效应在市场化进程、法治水平更高的地区表现得更加明显；在金融中介机构的监督方面，注册制改革的政策效应在有私募持股的公司以及聘请更高声誉券商的公司中更加显著。

其次，本书实证检验了注册制改革在IPO公司文本信息披露质量方面的成效。研究结果表明：总体来看，新股发行注册制改革的实施能够显著提升我国IPO公司上市前文本信息披露质量，并且在文本可读性、文本内容充分性、文本语调等多个维度均有体现。这一结论在变换模型设定、变换样本选择时间区间、通过多重PSM方法矫正样本选择偏差等多重稳健性检验之后依然成立。具体来看，第一，注册制改革显著提升了IPO公司招股说明书的可读性，降低了投资者的信息提取成本；第二，从文本内容来看，注册制改革显著提升了IPO公司招股说明书中关于创新性信息、前瞻性信息、风险信息三部分具有高度价值相关性信息的披露充分性，能够有效缓解公司与市场之间的信息不对称；第三，从文本语调来看，注册制改革后，无论是招股说明书的总体消极语调还是前瞻性信息、创新信息这些与公司未来发展相关的内容的消极语调均显著提升，这体现了注册制下的IPO公司对于公司未来的发展和核心竞争力表达更加趋于保守，有利于更加客观、公允地让投资者了解公司的具体情况。

本书的研究结果具有如下贡献：

理论方面，第一，本书从多角度研究了注册制改革对于IPO公司上市前信息披露质量的影响，从信息披露的角度首次为这一资本市场基础性制度改革的成效提供了直接证据，也为注册制在新兴资本市场的实践成效提供了经验证据；同时，注册制改革是政府为弥补资本市场失灵所做的一次规制改革，本书丰富了政府规制理论的研究。第二，本书将公司内外部治理因素纳入研究框架，探究了政策实施的效果在不同治理因素影响下的异质性，进一步拓展了监管制度变化对于IPO公司上市前财务信息披露行为的理论分析框架。第三，本书进一步拓展了IPO公司上市前信息披露质量的评价角度。本书突破了传统研究主要集中于财务信息披露的局限，将研究内容拓展到文本部分，采用机器学习的文本分析方法从文本可读性、创新性信息、前瞻性信息、风险信息、文本语调等多个角度对信息披露质量进行了多角度衡量和检验，为深化对公司的信息披露内容的研究提供了新的思路。第四，本书还从学理层面回答了注册制改革的必要性和改革逻辑，丰富了注册制改革的理论分析成果。

实践方面，第一，本书的研究成果为政策制定者评价注册制改革的成效提供了经验证据，并为进一步有针对性地优化当前的制度设计提供了方向性指导，为注册制的全面实施提供有益参考。第二，本书的研究成果有利于广大公司充分认识到资本市场规则和环境的变化，选择符合政策导向的信息披露策略和融资方式，为公司的发展争取资金支持。第三，本书的研究结论有助于投资者更好地获取对价值判断直接相关的重要信息，从而做出理性的价值判断。

关键词：注册制改革；制度对比；港股注册制；财务信息披露；文本信息披露

Abstract

This paper mainly focuses on two issues: the necessity, content and logic of the IPO registration system reform (referred to as the "registration system reform" in this paper) initiated in July 2019, and the effectiveness of this reform in terms of the quality of IPO company information disclosure. The new share issuance system is the basic system of the capital market. A large number of studies have shown that the new share issuance system is the baton of IPO company behavior, and the information disclosure system is the core component of the new share issuance system, which has an important impact on the quality of IPO company information disclosure. The information disclosed by IPO companies before listing is rich in content, which will guide the formation of asset prices and ultimately have a fundamental impact on the stability of the capital market and the efficiency of resource allocation. Since the birth of our country's capital market, the reform of the new stock issuance system, especially information disclosure, has always been a key research topic in academia.

This reform, which is usually applied in mature capital markets, is a brand-new attempt in an emerging capital market like ours. The previous research on the registration system are mainly based on the relatively stable environment of the mature capital market. The specific research on the implementation of registration system in China still remains at the level of theoretical derivation, scenario hypothesis and system design suggestions. No research has been taken through a combination of qualitative and quantitative methods, systematically and in-depth research and analysis of the necessity, content and logic of the reform, and the effectiveness of the reform based on the reform. As our country's capital market is in a critical stage of trial implementation of the registration system and transition to full implementation, it is necessary to conduct qualitative research on the necessity, content and reform logic of the registration system reform from the perspective of information disclosure based on this reform and an empirical test on the effectiveness of information disclosure. It is of great significance for academics to carry out in-depth research on the application of the registration system in my country's capital market, or for policy makers to further comprehensively promote the implementation of the registration system, and for various market entities to adjust their behavior strategies in a timely manner.

Based on the analysis above, this paper will be divided into two main parts to conduct research on the reform of the registration system:

The first part is a qualitative study of the reform of the registration system from the perspective of information disclosure, following the basic logic of "why, what has been changed, and how to optimize", answering three questions from the theoretical and institutional levels: (1) From the perspective of information disclosure analyze the necessity of reform of the registration system from a perspective; (2) Compared with the current system (that is, the approval system), how has the IPO information disclosure system developed in the registration system reform; (3) Compared with the registration system of the mature capital market, what are the similarities and differences in the IPO information disclosure system in this registration system?

The second part is an empirical test of the effectiveness of the registration system reform in the quality of information disclosure of IPO companies. It follows the basic logic of "equal emphasis on hard information and soft information", and mainly answers two questions: (1) The reform of the registration system in the financial information of IPO companies How effective is the disclosure quality? (2) How effective is the registration system reform in terms of the quality of IPO company textual information disclosure?

Aiming at the three research questions in the first part, this paper first analyzes the necessity of the registration system reform by reviewing the reform process of the new share issuance system and using the theoretical analysis framework of the principal – agent model. High – quality information is a prerequisite for improving the effective allocation of resources in the capital market. Only through the reform of the registration system and adjusting the principal – agent relationship in the capital market information disclosure model can the quality of information disclosure be improved and the capital market's supportive role in the real economy can be truly brought into play.

Secondly, this paper compares and analyzes the registration system and the approval system. Studies have shown that in terms of legislative and regulatory concepts: First, the nature of the registration system reform is the change in the attributes of the rights to issue new shares, and the rights to issue new shares have changed from administrative licensing rights to special commercial rights; second, the registration system reform reflects the concept of information disclosure in our country. Mandatory information disclosure is the main one, and voluntary information disclosure is a supplement. Third, this registration reform has established a legal liability system for information disclosure by multiple entities in our country's capital market through legislation. Information disclosure system and practice: First, the registration system puts more emphasis on investor – oriented information disclosure; second, the content structure of information disclosure changes, and descriptions about future development information, risk factors, core technologies, and investor protection the proportion has increased significantly, and the adequacy has been significantly improved.

Finally, we compared the A – share registration system and the Hong Kong stock registration system. In terms of legal supervision: First, the legal documents of the A – share market stipulate that the regulations and requirements for information disclosure are more specific and detailed, and the punishment for illegal acts such as fraudulent issuance is greater than that of Hong Kong stocks; second, the power of Hong Kong stocks lies in the Hong Kong United The Stock Exchange, focusing on self – discipline management, and the power of A – shares lies in the China Securities Regulatory Commission, focusing on administrative management; third, the Hong Kong Securities Regulatory Commission of China can adopt more efficient legal remedies to protect the rights and interests of investors, while the China Securities Regulatory Commission's rights protection channels is relatively limited. Fourth, Hong Kong, China has more mature market and social supervision forces, and mainland China still has a lot of room for growth. In terms of the information disclosure practices: First, the information disclosure of Hong Kong stocks is more relevant, with clearer logic, and easy to extract; second, the adequacy of information disclosure of A shares is higher, and the information in the Hong Kong stock prospectus is relatively simple.

Aiming at the two research questions in the second part, first, this paper empirically tests the effectiveness of the registration system reform in the quality of IPO companies' financial information disclosure. The research results show that: First, the reform of the registration system has significantly improved the quality of financial information disclosure of IPO companies. This conclusion is still valid based on multiple robustness tests such as changing model settings, changing sample selection time intervals, and correcting sample selection bias through multiple PSM methods. Second, further research found that for companies with strong financing needs, the registration system has a more obvious effect on improving the quality of financial information disclosure. The original intention of this registration system reform is to broaden financing channels for entity enterprises and the results show that this reform is being implemented in accordance with the path envisaged by the policy. Third, the effect of the registration system on the improvement of the quality of IPO companies' financial information disclosure is significantly affected by their corporate governance and external environment, as well as financial intermediaries. Regarding the level of corporate governance, the reform of the registration system has a more obvious effect on the improvement of the quality of financial information disclosure of companies with low levels of corporate governance, indicating that the reform of the registration system as an external governance mechanism can effectively make up for the negative effects of the lack of internal governance mechanisms on the quality of information disclosure. In terms of the external governance environment, the policy effects of the registration system are more obvious in areas with higher marketization and higher levels of rule of law; in terms of supervision of financial intermediaries, the reform of the registration system can improve the level of corporate financial information disclosure. It is more prominent in companies with private equity holdings and companies that hire higher reputation higher - reputation brokers.

Next, this paper empirically tests the effectiveness of the registration system reform in the quality of IPO company textual information disclosure. The research results show that: overall, the implementation of the reform of the registration system for IPOs can significantly improve the quality of textual information disclosure of IPO companies in our country before listing, and it can be reflected in multiple dimensions such as text readability, text content adequacy, and text tone. This conclusion is still valid after multiple robustness tests such as changing the model setting, changing the sample selection time interval, and correcting the sample selection bias by the multiple PSM method. Specifically, first, the registration system reform has significantly improved the readability of the IPO company's prospectus and reduced the cost of information extraction for investors; second, from the perspective of the text content, the registration system reform has significantly improved the IPO company's prospectus. The three parts of innovative information, forward - looking information, and risk information have the adequacy of disclosure of highly value - related information, which helps reduce the information asymmetry between the company and investors; third, from the tone of the text, after the registration system reform, both the overall negative tone of the prospectus, forward - looking information, and innovative information related to the company's future development have significantly increased the negative tone, which reflects that under the registration system, the expressions of IPO company's future development and core competitiveness tend to be more conservative. It is conducive to allowing investors to understand the company's specific conditions more objectively and fairly.

The research results of this paper have the following contributions:

In terms of theory, first, this paper studies the impact of the registration system reform on the quality of information disclosure of IPO companies before listing from multiple perspectives. From the perspective of information disclosure, it provides direct evidence for the effectiveness of this fundamental capital market reform for the first time. The practical effect of the registration system in the emerging capital market provides empirical evidence. At the same time, the registration system reform is a regulatory reform made by the government to compensate for the failure of the capital market. This paper has enriched the research on the theory of government regulation. Second, this paper incorporates the company's internal and external governance factors into the research framework, explores the heterogeneity of the effect of policy implementation on the impact of different governance factors, and further expands the theoretical analysis framework of the changes in the regulatory system for the pre – IPO financial information disclosure behavior of IPO companies. Third, this paper further expands the evaluation angle of the quality of information disclosure of IPO companies before listing. This paper breaks through the limitations of traditional research that mainly focuses on financial information disclosure. It expands the research content to the text part, and uses machine learning text analysis methods from text readability, innovative information, forward – looking information, risk information, text tone, etc. The quality of information disclosure was measured and tested from various angles, which provided new ideas for deepening the research on the company's information disclosure content. Fourth, this paper also answers the necessity and logic of the registration system reform from the academic level, and enriches the theoretical analysis results of the registration system reform.

In terms of practice, first, the research results of this paper provide empirical evidence for policymakers to evaluate the effectiveness of the registration system reform, and provide directional guidance for further targeted optimization of the current system design, and for the full implementation of the registration system for reference. Second, the research results of this paper are conducive for companies to fully realize the changes in capital market rules and environment, choose information disclosure strategies and financing methods, and strive for financial support for the company's development. Third, the research conclusions of this paper will help investors better obtain important information directly related to value judgments and make rational value judgments.

Key Words: Registration System Reform; System comparison; Registration System in Hong Kong Capital Market; Financial information disclosure; Text information disclosure

目 录

第1章 导论 ··· 1

    1.1 研究背景 ·· 2

    1.2 研究动机和研究问题 ·· 4

    1.3 研究思路与内容安排 ·· 6

    1.4 研究贡献和创新 ·· 11

第2章 IPO信息披露理论基础与文献综述 ·························· 14

    2.1 相关概念界定 ·· 14

    2.2 新股发行市场信息披露的理论基础 ···························· 15

    2.3 IPO发行政府监管的理论基础 ··································· 20

    2.4 文献综述 ·· 23

    2.5 文献述评 ·· 33

第3章 注册制改革及信息披露制度对比研究 ······················ 34

    3.1 引言 ··· 34

    3.2 制度发展及改革必要性分析 ····································· 36

    3.3 中国核准制与注册制信息披露制度比较研究 ············· 42

    3.4 中国内地与中国香港注册制信息披露比较研究 ········· 57

    3.5 本章小结 ·· 70

第4章 注册制改革与财务信息披露质量 … 72

4.1 引言 … 72
4.2 理论分析与研究假设 … 75
4.3 研究设计与数据来源 … 78
4.4 实证检验与结果分析 … 82
4.5 基于治理环境的进一步讨论 … 93
4.6 本章小结 … 104

第5章 注册制改革与文本信息披露质量 … 106

5.1 引言 … 106
5.2 理论分析与研究假设 … 108
5.3 研究设计与数据来源 … 116
5.4 实证检验与结果分析 … 124
5.5 本章小结 … 145

第6章 研究结论、启示与不足 … 147

6.1 研究结论 … 147
6.2 研究启示和政策建议 … 150
6.3 研究不足及未来的研究展望 … 152

参考文献 … 156
图目录 … 178
表目录 … 179

第1章 导　　论

新股发行制度是资本市场的基础性制度，是证券发行人、金融中介机构、证券分析师、投资者等众多市场主体行为的指挥棒，将显著影响信息的产生和传递。信息是资产价格形成的来源，资产价格是引导资源配置的机制（吴联生，2001）。因此，信息决定着资本的流向与流量，是市场优化资源配置的依据（Healy & Palepu，2001）。在新股发行市场中，信息披露质量是决定资本市场能否持续健康发展、资源配置功能能否正常发挥的关键因素，也是判断一国资本市场成熟程度、投资者保护水平高低的重要标志。回顾全球任何一个发达证券市场的发展历史，各国大多是将如何不断提高信息披露质量作为证券立法和资本市场制度改革的核心内容。

发达国家资本市场从自由交易的商品市场经济发育而来，经过数百年的发展和变迁，逐渐形成了以"注册制"为代表的新股发行制度，市场调节机制在资本市场的运行中发挥着基础性作用。由于其经济模式的稳定性，政府对于新股发行监管制度也具有较强的延续性。我国的资本市场建设是改革开放的重要创新与突破，在政府行政主导下，我国新股发行制度经历了由审批制到核准制再到注册制改革试点的发展历程。在过往的历次改革中，政府不断尝试引入市场调节机制，但无论是审批制还是核准制，仍然带有浓厚的"行政干预"色彩，其弊端在经济发展过程中不断凸显。为了改变当前资本市场资源配置扭曲的现状，我国开始试点实施注册制改革，进一步优化资本市场的制度建设。

与发达国家相比，我国的政治体制、经济结构、资本市场发展等方面都具有独特性（e.g. Fan & Wong，2002；Fan et al.，2007；Su et al.，2008）。本次改革是注册制这一成熟资本市场制度在我国这样一个新兴资本市场的全新尝试。从理论和制度层面阐明本次改革的必要性、内容和改革逻辑，并检验当前的试点改革取得了怎样的成效，对于正确理解注册制改革、不断优化其制度设计、最终推动注册制的全面实施具有重要意义。但这一系列的重要问题尚未有文章展开深入研究。为了弥补现有研究的不足，本书将从信息披露的视角，采用定性分析与定量分析相结合的方法，对以上问题进行回答。

接下来的章节将更加详细和深入地阐述本次研究的宏观背景和研究动机，并对本书拟遵循的研究思路、采用的研究方法、可能的研究意义以及研究局限进行介绍。此外，本章还将对文本分析方法的使用动机和基本原理进行简要介绍。

1.1 研究背景

当今世界进入了全新的发展阶段，无论是国内经济形势还是国际竞争环境都发生了深刻变化。国内方面，宏观经济发展进入新常态，经济长期向好的基本面没有改变，但制造业转型升级的需求更加迫切，关键领域技术实现突破是推动经济再上一个台阶的重要推动力。国际方面，主要经济体走势和宏观政策取向分化，贸易保护主义重新抬头，逆全球化的声音开始传递。面对错综复杂的发展环境和各种类型的挑战，党的十九届五中全会提出加快构建以国内大循环为主体、国内国际"双循环"相互促进的新发展格局。为了构建新的发展格局，推动经济高质量发展，不断深化经济体制改革是必由之路。金融是实体经济的血脉，坚持以服务实体经济为方向，加大资本市场的改革力度，不断健全资本市场各项制度，大力提高直接融资比重，发挥资本市场对于推动科技、各类高端制造业的发展，是落实国家创新驱动发展战略、推动科技创新的重要抓手。

新股发行市场是实体企业进入资本市场获得直接融资的首要环节，也是资本市场为实体企业提供直接融资最重要的渠道之一。在新股发行市场中，发行人向市场发行本公司的股票满足融资需求，投资者根据发行人披露的信息对公司价值进行判断，实现投资需求，最终完成股票进入证券市场的初始定价。新股发行制度是支撑证券市场健康发展的重要基石，承担着维护市场秩序、提升资源配置效率的重要责任。我国资本市场经历了30多年的发展历程，随着经济发展的需要，新股发行制度几经变迁，从最初具有"计划经济体制"特征的股票发行审批制，到"通道核准制"，再到2003年开始推行的"保荐核准制"，最后到融入一些市场因素的"核准制"，市场化要素在中国新股发行制度改革中的权重越来越高。

但是，我国新股发行过程中一直有着浓厚的"政府干预"色彩，造成了资本市场的资源配置效率的扭曲，例如新股定价长期存在"三高"现象，这与中国以行政为主导的新股发行体制密不可分（刘煜辉和熊鹏，2005；王晋斌，1997）。此外，在核准制下，由于资本市场的资源掌握在政府手中，中央政府和地方政府均会利用重组等方式调动资源来拯救业绩较差的上市公司，一些上市公司破产困难，连年亏损，市场无法出清（李自然和成思危，2006），最终造成了资本市场资源的浪费。上述经验证据均表明核准制下的中国资本市场已无法满足中国经济转型升级的需要，市场亟须更加科学、高效的新股发行制度来优化资本市场的资源配置效率。

中共十八届三中全会指出市场要在资源配置中发挥决定性的作用，并提出推行股票市场"注册制改革"，以提高直接融资比例，促进企业创业创新，实现经济结构转型，改变目前股票市场资源配置的一系列扭曲现象。我国股票发行注册制改革的总目标是，建立市场主导、责任到位、披露为本、预期明确、监管有力的股票发行上市制度。2018年11月5日，在首届中国进口博览会开幕式上，习近平总书记宣布将设立科创板并试点注册制改革。2019年3月18日，上海证券交易所科创板审核系统正式进入生产状态，开始受理科创板上市申请，科创板IPO自此宣告正式开闸，2019年6月5日，上海证券交易所科创板上市委员会审议同意了3家申请人的发行上市申请，2019年7月22日，科创板正式开始交易，标志着中国证券市场进入了核准制与注册制并行的新阶段。

本次以注册制为主要内容的新股发行制度改革，其核心是重新梳理政府与市场的关系，发挥市场在资源配置中的决定性作用。通过改革，政府转变监管重心，强化信息披露监管，提升信息披露质量，同时将发行定价权交还给市场,尊重市场投资者对股票价值判断的意志,充分发挥市场调节机制的作用,以达到资源向真正有价值的企业聚拢,提高资源配置效率。一方面,在注册制下,监管机构要求上市公司向市场披露更加完整透明的高质量信息,强化了上市前的信息披露监管,同时还配套了相应的"事中""事后"的监管处罚的配套措施,提高信息披露义务人的违法成本,从而使得上市公司具有足够的动力提升信息披露质量,缓解市场的信息不对称。另一方面,注册制会改变股票市场的供求关系,明确市场出清规则,产生优胜劣汰的倒逼机制,同时优化投资者结构,从而将真正优质的资产留在资本市场,获得长远发展,为我国经济结构转型、产业升级发挥支持作用。

1.2 研究动机和研究问题

新股发行制度是 IPO 公司行为的指挥棒,其中,信息披露制度是新股发行制度的核心组成部分,对 IPO 公司信息披露质量产生重要影响。信息披露的相关性、及时性、可靠性是市场交易的核心要素。从企业层面来看,高质量的信息披露有利于降低公司资本成本、平抑公司风险、提升资本产出效率(Barry,1984;Welker,1995;Zarowin,2002);从市场交易层面来看,高质量的信息披露有利于降低信息不对称性和交易成本,改善股票的流动性,同时还平抑了股市的波动性(Philippe,2002;Eleswarapu et al.,2003;Chiyachanatana,2004),大量的研究证明了增强信息披露质量对于资本市场的积极意义。因此,信息披露制度改革是新股发行制度改革取得成功的关键所在,对于推动资本市场不断走向成熟而言至关重要。本次注册制改革正是以信息披露为核心,要求切实树立以信息披露为中心的监管理念,明确发行人在信息披露方面的首要责任,尽可能向投资者充分披露与价值判断和投资决策相关的重要信息,确保企业信息能够实现高质量披露。

注册制改革是成熟资本市场新股发行制度在我国这样一个新兴资本市场的全新尝试。过往关于注册制的研究成果主要建立在成熟资本市场相对稳定的环境之上，具体到注册制在我国实施的相关研究成果，仍然停留在理论推导、情景假设和制度设计建议层面。面对一套全新的制度以及我国特殊的制度背景和经济文化环境，本书认为从理论和制度层面厘清注册制改革的必要性、内容和改革逻辑，并对注册制的改革成效进行评价，无论是对于广大学者更加深入地研究注册制在我国的应用，还是对于政策制定者进一步深化改革并将注册制推向全面实施均有十分重要的理论意义和实践意义。

为此，全书将分为两个主要部分对注册制改革展开研究。

第一部分为从信息披露角度对注册制改革展开的质性研究。首先，本书在回顾我国新股发行制度发展历程的基础上，依托委托代理理论的基本分析框架对本次注册制改革的必要性进行了分析；其次，从立法和监管理念、信息披露制度设计等角度详细对比了本次注册制改革相对于现行制度的变化与发展，诠释了改革逻辑；最后，从法律体系、监管体制和制度设计等方面详细对比 A 股注册制与港股注册制的异同，并总结未来 A 股注册制值得优化和提升的地方。

第二部分为注册制改革在 IPO 公司信息披露质量方面取得成效的实证检验。首先，本书实证检验注册制改革在 IPO 公司上市前财务信息披露质量方面取得的成效。财务信息是 IPO 公司在上市前向市场所披露信息中最重要的内容之一。已有研究表明，核准制的行政导向是 IPO 公司上市前财务信息披露质量较低的重要原因（陈共荣等，2006）。注册制下，一方面，政府加大了 IPO 公司财务信息披露质量的监管力度，同时强化了事中和事后的惩罚力度；另一方面，发挥市场投资者对 IPO 公司财务信息披露质量的监督作用。本书将通过实证的方式检验本次注册制改革是否提升了 IPO 公司在上市前的财务信息披露质量。

其次，本书实证检验注册制改革对于 IPO 公司上市前文本信息披露质量方面取得的成效。伴随着新经济的发展，财务信息的决策价值不断受到挑战，而文本信息越来越受到投资者、监管者的重视（FASB，2001）。文本信息占据了招股说明书的绝大部分版面，提供了关于企业将来的展望、预期以及潜在的风险方面的信息，能够从更多的方面而不仅仅是从财务方面向市场传递与企业价值相关的信息。本书将借助文本分析的方法，从文本可读性、创新性信息含量、前瞻性信息含量、风险信息含量、文本语调等维度全面衡量文本信息的质量，从而更加准确客观地检验注册制改革在 IPO 公司上市前文本信息披露质量方面取得的成效。具体文本分析的原理和方法将在后文详细介绍。

1.3 研究思路与内容安排

1.3.1 研究思路与技术路线图

本书研究的核心问题是注册制改革的必要性、内容和改革逻辑，以及改革在我国 IPO 公司上市前信息披露质量方面的成效检验，围绕这两个主要问题，本书构建了如图 1-1 所示的技术路线。

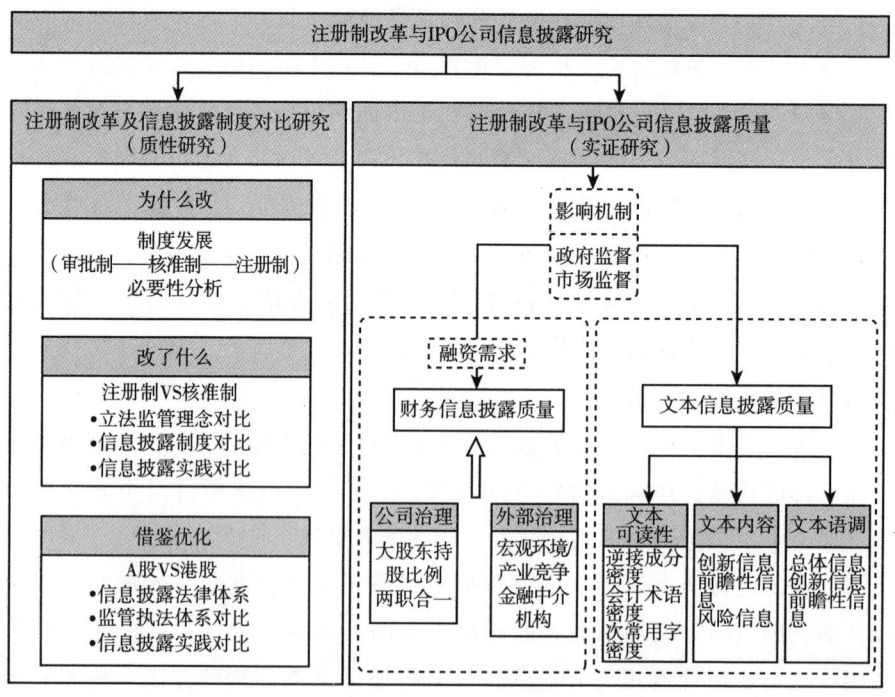

图 1-1　全书研究框架

1.3.2 研究方法

1.3.2.1 定性分析与定量分析相结合

本书总体将采用定性分析与定量分析并重、规范推理与实证检验相结合的研究方法。开篇对现有制度的理论基础进行回顾和论述，引出现存制度的问题所在，继而对新旧制度进行了详细的对比，指出改革的重点与变化。随后结合理论针对注册制改革对资本市场带来的影响提出合理的研究假设，依据提出的研究假设，结合目前可获得的经济数据构建计量模型，利用统计学和经济学的知识进行相关检验，最终验证假设是否成立。在文本信息的获取中，本书特别采用了机器学习的方法，对拟公开发行股票的公司招股说明书进行文本分析，量化相关指标，从而对文本信息披露质量进行更加全面科学的衡量，使得本书的研究更加稳健。

1.3.2.2 文本分析法

本书拟获取 A 股上市公司 IPO 招股说明书的原文，依靠现有的计算机技术对 IPO 招股说明书中的文本内容进行量化分析。为了更好地在后文中对 IPO 公司的信息披露进行实证检验与分析，在此对文本分析这一研究方法进行介绍。

（1）文本分析方法在金融与会计领域的应用价值。

本次注册制改革以信息披露为核心，提升 IPO 公司的信息披露质量是本次改革的重要目标之一。通常来说，上市公司所披露的信息包括两大类："硬信息"（Hard Information）和"软信息"（Soft Information）（e.g. Gentzkow, Kelly, Taddy, 2017; Liberti & Peterson, 2019）。

"硬信息"（Hard Information）主要指的是市场上常见的各类数值信息。例如，宏观 GDP 数据、资本市场交易中形成的数据、财务报表的会计信息等都是典型的"硬信息"。"硬信息"最为直观，也受到广大市场参与者的关注。

"软信息"（Soft Information）的呈现形式更加多样化，通常都是非数值类信息。相比于"硬信息"，人们需要基于自身认知和阅读理解能力，对"软信息"背后的含义进行分析和推理，具有较强的主观性。每份报告措辞不同,可能精确也可能模糊,可能悲观也可能乐观,在人们分析的过程中可能会导致信息变形甚至失真。财务报告的文字描述、分析师报告的文字部分等都是典型的软信息。

但是,当前会计金融领域的研究仍然聚焦在传统的数值类信息上,蕴含大量有效信息的金融文本同样具有相当的研究价值。一方面,数值类信息易于获取和处理,且经过了多年的交叉验证,可靠性强,得出的研究结论也较为稳健。但数值类信息涵盖的领域有限,无法有效衡量经济运行中的很多现象,这导致部分研究陷入瓶颈(Gentzkow et al.,2017)。另一方面,对"软信息"的加工处理更依赖于信息技术的发展,传统的金融、会计学者并没有这样的技术支持。要对"软信息"进行研究,需要使用计算机技术进行大规模的运算和分析,因此这一领域的时间成本、技术成本和经费成本要显著高于对"硬信息"的研究。

近年来,依托于计算机语言学理论和技术,将文本内容进行量化从而为研究提供支撑逐步开始推广。将计算机技术应用于文本信息内容进行量化,可以有效地将"软信息"转化为可供研究的"硬信息"(Gentzkow et al.,2017)。近年来,已有学者使用年报及部分年报章节(e.g. Li,2008 & 2010)、自愿性信息披露文件(Davis et al.,2012;Demers & Vega,2011)、媒体报道(Tetlock,2007;Tetlock et al.,2008;Gurun & Butler,2012)、分析师研究报告(Lehavy et al.,2011;Hsieh & Hui,2015;Franco et al.,2015;Huang et al.,2014)开展各类研究。

在金融与会计领域,对文本信息进行分析,首先需要从文本中提取相关信息,构建用于研究的指标。现有文献中,文本指标可以分为与内容相关的特征指标和与内容无关的特征指标。

与内容相关的特征指标基本包括文本的创新与研发信息(Bellstam et al.,2016)、风险与不确定性信息(Krave & Muslu,2013;宿成建,2016;王雄元等,2017)、前瞻性信息(程新生等,2013;Muslu et al.,2014;Bozanic 等,2018)、财务真实性信息、竞争性信息等,也包括文本的语调(林乐和谢德仁,2015;林乐和谢德仁,2017;段江娇等,2017;杨道广和陈汉文,2017;王华杰和王克敏,2018),通过文本分析方法量化文本中的相关主题内容,研究者可以更加准确地衡量以往无法用数值度量的企业特征,这就大大拓展了财务和会计学的研究范围。

与内容无关的特征指标描述了文本的语言学特征和统计特征,比如可读性(丘心颖等,2016;彭红枫等,2016;孟庆斌等,2017;叶德珠和陈霄,2017;陈霄等,2018)、相似性(Li,2014;Bozanic & Thevenot,2015;姜付秀等,2017)、文本多样性(Bozanic & Thevenot,2015)等。与内容无关的特征指标反映了信息生产者的某些特征,影响了信息的传播过程,同时也与信息本身的质量存在紧密联系。

(2)文本分析的原理及方法。

现有文献采用的文本分析方法可以分为两类:一类是以规则为基础(Rule – Based Approach)的方法(主要依赖建立规则的词典),采用特定、成熟的规则提取文本信息,这一类研究方法相对简单,成本较低;另一类是基于统计学(Statistical Approach),通过概率特征估计文本特征,在文本概率基础上构建变量,机器学习分析法就是由此方法衍生而来。

以规则为基础的方法大量运用于早期的文本分析。研究者需要了解文本特征,并根据先验知识构架拟订规则提取文本信息。该方法在分析小样本的结构化文本方面具有成本优势,可以用来统计文本的基础特征,如判断标题中是否包含特定词典的词汇、检验简单的分类研究问题。但是随着研究问题的深入、研究样本的扩大,在研究非结构化数据时,"规则法"不再适用。主要原因在于三个方面:第一,在进行大样本书本分析时,研究者无法掌握先验的知识,缺乏成熟的分类规则;第二,同一词汇在不同语境下的表意不同,由于"规则法"忽视句子本身的内在结构的特有属性,导致分析结果可能存在误差;第三,忽视了研究者可能已经了解到的文本本身内在的属性,高估文本的影响。比如,如果某一类文本本身无意义,那么直接忽视这一部分会更有效率,甚至有研究指出,部分由其他非金融和会计领域内学者构建的"词典"或规则不适合直接应用在财务与金融的研究上(Henry & Leone,2010;Li,2010;Loughran & McDonald,2011)。相较之下,基于概率统计思想的方法能够克服以上三个困难,提高研究成果的稳健性。

因此,本书在对文本类信息披露进行研究的章节,将通过基于机器学习方法的文本分析方法获取IPO公司的招股说明书中文本信息的相关变量。主要通过机器学习构建三层贝叶斯概率模型（LDA）、支持向量机模型（SVM）以及基于神经网络模型的长短期记忆模型（LSTM）获取文本分析变量。具体的变量计算方法将在具体研究章节进行阐述。

1.3.3 研究内容安排

本书共分为6章，具体的研究内容安排如图1-2所示。

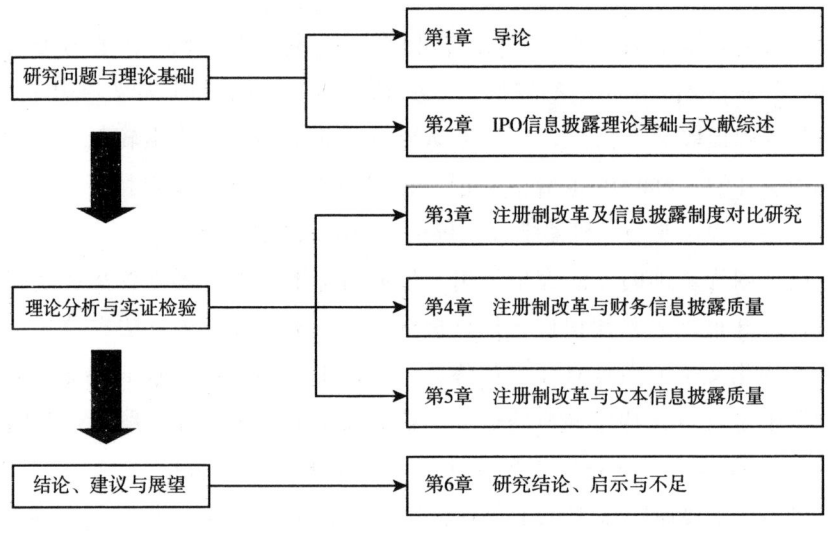

图1-2 全书章节安排

第1章是导论。首先，对整篇文章的研究出发点和研究问题进行阐述；其次，详细介绍了本书的研究背景、研究动机、研究问题以及研究意义；再次，对本书所遵循的研究思路和采用的研究方法进行介绍，其中重点介绍了采用文本分析方法的原因和文本分析方法的基本原理；最后，介绍了本书可能的创新以及仍然有待进一步完善和探索的地方。

第2章是对本书所研究主题相关领域的理论基础以及文献进行综述。其中，理论基础部分主要对新股发行信息披露和政府管制的理论基础进行介绍，文献综述部分同样是从信息披露以及政府管制两个方面进行回顾。

第 3 章是从信息披露角度对注册制改革展开的质性研究。首先，在回顾改革历程的基础上，依托委托代理理论的基本分析框架对本次注册制改革的必要性进行分析，其次，详细对比本次注册制改革相对于现行制度的变化与发展，诠释改革逻辑；最后，详细对比 A 股注册制与港股注册制的异同，并总结未来 A 股注册制值得优化和提升的地方。

第 4 章是实证检验注册制改革在 IPO 公司上市前财务信息披露质量方面的成效。本章首先检验了注册制改革后，IPO 公司上市前财务信息披露质量的变化，并研究了改革成效在不同融资需求公司之间的差异。进一步，本章还检验了公司治理水平、外部治理环境、金融中介机构对本次注册制改革成效的影响。

第 5 章是实证检验注册制改革在 IPO 公司上市前文本信息披露质量方面取得的成效。本章首先从文本可读性、文本内容和文本语调等多个角度对文本信息披露质量进行衡量，其次，分别检验了注册制改革对于招股说明书文本可读性的影响，对招股说明书前瞻性信息、创新信息、风险信息的影响，以及对于招股说明书文本语调的影响。

第 6 章是对全书的总结，主要归纳了本书的研究结论，并在此基础之上尝试对现行改革制度提出建议。此外，本书还对未来可能的研究方向进行了分析和讨论。

1.4 研究贡献和创新

1.4.1 理论层面

第一，本书从多角度研究了注册制改革对于 IPO 公司上市前信息披露质量的影响，从信息披露的角度首次为这一资本市场基础性制度改革的成效提供了直接证据，也为注册制在新兴资本市场运行成效提供了经验证据。

第二，本书从信息披露的角度丰富了政府规制理论的研究。政府规制理论认为政府应当通过规制弥补市场失灵，公司为牟取超额收益对信息披露进行操纵是市场失灵的一种表现。注册制改革正是政府弥补资本市场失灵的一次改革尝试，本书检验了注册制改革对IPO公司信息披露质量的影响，为政府规制理论提供了新的证据。

第三，本书从监管制度变革的角度进一步丰富了IPO公司上市前财务信息披露质量的影响因素研究。此外，本书还将公司内外部治理因素纳入研究框架，探究政策实施的效果在不同治理因素的影响下是否存在异质性，进一步拓展了监管制度变化对于IPO公司上市前财务信息披露行为的理论分析框架。

第四，本书进一步丰富了IPO公司上市前信息披露质量的研究方法。本书突破了传统研究主要集中于财务信息披露的局限，将研究内容拓展到文本部分，采用机器学习的文本分析方法从文本可读性、创新性信息、前瞻性信息、风险信息、文本语调等多个角度对信息披露质量进行了衡量和检验，为深化对公司的信息披露内容的研究提供了新的思路。

1.4.2 实践层面

第一，对于政策制定者，本书为中国资本市场注册制改革成效提供了经验证据。一方面，通过对比研究可以发现，本次注册制改革中，在信息披露方面取得的成就和可以进一步改进的领域，为优化信息披露监管制度、行为规范、提升公司信息披露质量提供有益参考；另一方面，通过实证检验，我们发现注册制改革的成效受到公司内外部治理因素以及金融中介机构的影响，有利于监管层在制度执行中有针对性地采取监管措施，确保政策的实施效果。

第二，对于各类公司，本书的研究解释了注册制改革的初衷，展现了注册制所取得的成效，有助于广大公司特别是希望通过资本市场缓解融资约束、拓宽融资渠道的公司充分认识到提升信息披露质量的重要性，有利于广大公司进一步提升信息披露质量，降低与市场投资者之间的信息不对称，让市场投资者发现公司的价值，从而获得更多资金的青睐，降低资本成本，为企业的进一步发展提供支撑。

第三，对于投资者，本书揭示了注册制下IPO公司在上市前信息披露质量的变化，有助于投资者更有针对性地阅读招股说明书，获取对价值判断直接相关的重要信息，有利于广大投资者进行理性投资决策，提升风险意识，强化风险管理，促进投资者进一步成熟起来。

第 2 章　IPO 信息披露理论基础与文献综述

2.1 相关概念界定

为了使本书的研究对象更加明确，分析逻辑更加清晰，为后续研究打下良好的基础，在本章开始的部分，首先对本书的几个主要概念进行阐述和界定。

2.1.1 证券及证券市场

本书所研究的证券发行特指《中华人民共和国证券法》（2019 年修订）第二条中规定的股票，证券市场为新股发行市场。

2.1.2 证券发行人

本书所研究的发行人是指我国《股票发行与交易管理暂行条例》中规定的，在新股发行市场公开发行股票的股份有限公司。

2.1.3 证券公开发行

根据《中华人民共和国证券法》（2019 年修订）第九条的规定，公开发行是指下列情形之一：一是向不特定对象发行股票；二是向特定对象发行证券累计超过200人，但依法实施员工持股计划的员工人数不计算在内。本书所研究的证券公开发行是指发行人在新股发行市场向不特定的对象公开发行股票的行为。

2.1.4 证券发行信息披露行为及制度

证券发行信息披露是指在新股发行中的向市场和监管层进行的初次信息披露行为。证券发行信息披露制度是指一国用于约束和规范证券发行信息披露行为的法律和制度监管体系。在我国，信息披露制度和规范主要体现在《证券法》《公司法》《股票发行与交易管理暂行条例》以及证券监督管理部门出具的部门规章和规范性文件中。

2.2 新股发行市场信息披露的理论基础

2.2.1 信息不对称理论与信息披露

信息不对称指的是，在市场经济环境中，参与市场交易的买方和卖方都不可能完全知晓对方的信息，由此产生了信息不对称的经济现象，这种现象将有利于在交易中处于信息优势的一方牟取自身更大的利益，而处于信息弱势的一方会遭受利益损失。

在证券发行市场中，之所以会产生信息不对称的现象，主要有以下两方面原因。

第一，信息披露需要成本。证券发行市场中，对于发行人而言，其需要付出显性成本和隐性成本两类。显性成本的产生主要是由于监管机构的强制性信息披露要求，发行人为了规避法律风险，根据信息披露相关法律法规和制度规定，对法定信息进行披露，从而付出相关的成本。隐性成本往往是指伴随着信息披露对企业可能带来的一些不良经济后果，例如公司的发展战略、商业机密等信息为市场竞争对手知晓并被竞争对手模仿，使得公司的竞争优势缩小导致的经营损失。从经济学的理性人假设看，发行人只有当其信息披露所获取的预期利益超过其所要付出的成本时，才有足够强的动机进行充分的信息披露，否则发行人不愿意披露过多的信息。

第二，投资者收集整理信息的成本以及信息理解能力。从信息获取成本看，证券投资者为了进行投资决策，需要收集与证券价值相关的信息。掌握越多的信息就越有利于做出理性的投资决策，获取更多的投资收益。因此，信息优势方往往可能故意进行信息垄断，制造信息传递的鸿沟，导致信息获取难度加大、成本提升。从信息理解能力看，证券市场充斥着各种类型的投资人，他们的资质、资金规模、信息来源等具有显著的异质性，对信息的理解和掌握程度也存在较大差距，部分投资者甚至很难从海量信息中提取出有价值的信息。因此，信息获取成本以及信息理解能力也会造成公司与投资者之间的信息不对称。

信息不对称可能导致逆向选择和道德风险，从而使得投资者承担额外的信息风险，影响市场的正常运作和经济体制的公平有效。其中，证券发行市场的逆向选择产生于两方面的信息不对称：

一方面是发行人与投资者之间的信息不对称，发行人的控股股东或管理层是信息的优势方，他们对公司所掌握的信息更加充分，获取信息的时间也更加及时。相比之下，投资者拥有的信息来源于发行人按照信息披露规定被动披露的相关信息以及自愿披露的信息，这些信息的含量可能少于发行人的控股股东或管理层所拥有的信息。因此，发行人的控股股东或管理层可以利用信息优势在证券市场上"圈钱"，导致投资者利益受损。

另一方面是知情投资者与不知情投资者的信息壁垒。知情投资者有动机利用内部信息进行内幕交易，从而赚取市场的超额回报（Barry & Brown, 1995；王华和张程睿，2005），使得不知情投资者受到损失。更进一步，逆向选择会导致证券发行市场中出现劣质发行人驱逐品质优良发行人的现象，即劣质发行人为了顺利发行，会将不利的信息隐藏起来，甚至与证券发行承销机构合谋，对申请发行材料进行过度粉饰，披露质量较低的信息，从而影响投资者判断。但是投资者可以通过其他信号知道股票的平均价格，倾向于选择平均价格以下的股票，而真正优质的发行人会进行高质量的信息披露，自然价格要高于劣质发行人，但投资者却无法判断发行人的真实情况，最终导致市场机制的失灵，有限的资金流向劣质发行人，真正的好公司却无法获得市场的认可。

证券市场的道德风险通常是由发行人管理层与股东之间的信息不对称导致。由于发行人经营权和所有权分离，发行人股东与管理层之间利益不一致导致了代理冲突，管理层掌握公司一手信息，相对于公司股东具有信息优势，为了自己的短期利益，总会选择有利于自己的时间、数量、方式进行信息披露，导致股东不能真实、准确、完整、及时地获取信息，从而做出非理性的投资决策，遭受损失。

2.2.2 委托代理理论与信息披露

美国经济学家 Berle 和 Means 最早提出了"委托——代理"理论（Principal – Agent Theory）。他们以美国的股份有限公司为研究对象，研究发现，如果企业的所有者与管理者存在两职合一的情况，所有者可能会利用经营控制权为自身牟利，从而不利于企业的发展和其他股东的利益，进而提出了"委托——代理"理论。"委托——代理"理论有两个前提假设：一是委托人和代理人都符合经济学的"理性人"假设，委托人出于自身利益最大化而委托代理人进行工作，但代理人也是从自身利益最大化的角度出发开展工作，当二者自身利益不一致时就会产生矛盾。二是委托人和代理人之间存在信息不对称，即委托人无法有效观察或衡量代理人为实现其委托目标所付出的努力，也无法通过显性契约的方式将代理人所需要付出的努力落实到纸面上。但代理人可以更加接近企业生产经营的实际，可以利用所掌握的资源和信息实现自身利益最大化。因此，"委托——代理"理论研究的核心问题是如何通过激励约束机制的安排，缓解代理冲突，实现委托人的利益最大化。

为了缓解代理冲突，一方面，委托人可以通过签订契约的方式约束代理人行为，另一方面，也需要通过适当的激励措施促使代理人努力工作。因此，委托人为了缓解代理冲突所付出的成本就是代理成本。具体而言：

一是监督成本,即委托人会通过多种方式监督代理人行为,使其专心为自己服务;二是担保成本,即代理人为了取得委托人的信任所付出的成本,比如内部审计成本等;三是剩余损失,即委托人和代理人即使出于相同的利益诉求,二者的决策也不可能完全一致,最终导致代理人执行的效果和委托人预期效果之间存在一定偏差,这种偏差就是剩余损失。

根据现有研究成果,可以将代理冲突分为三种类型:第一类代理冲突是公司所有者与管理层之间的冲突,由于公司所有者和管理层利益具有差异,管理层为了实现自身利益最大化,而无法达到公司所有者的预期,造成公司所有者的利益损失。第二类代理冲突主要指的是大小股东之间的冲突。公司大股东能够对公司施加重要影响,也更加了解公司的实际状况,可以利用自身的控制权优势和信息优势侵害中小股东利益。第三类代理冲突是公司股东、管理者与外部债权人之间的冲突。公司股东与管理者更看重公司的盈利能力和成长能力,有动机利用财务杠杆扩大生产经营规模,而过高的财务杠杆会增加企业陷入财务困境的概率,这是外部债权人所不愿看到的,外部债权人更看重公司财务的稳健性。

大量研究表明,在证券发行市场中,公司大股东和中小股东之间的代理冲突在各类代理冲突中最为严重。在新股发行的过程中,发行人向市场披露公司相关的信息,投资者主要依赖于发行人所披露的信息进行价值判断和投资决策。在股票发行上市之前,发行人与投资者之间存在严重的信息不对称,发行人或其实际控制人可以利用其自身的优势地位,优先宣传公司的利好消息而尽量隐藏"坏消息",诱使投资者高估公司股票价值,从而能够从资本市场"圈"到更多的钱。

事实证明,"委托——代理"理论,尤其是大股东与中小股东之间的代理冲突能够较好地解释我国证券市场中各种不成熟的现象,对健全和完善我国资本市场制度具有较强的参考意义。中国内地证券发行市场信息不对称严重,其中控股股东与公众投资者之间的冲突问题成为主要矛盾。为了尽可能减轻这种代理冲突对资本市场正常运行带来的伤害,监管层需要建立恰当的信息披露制度和监督管理机制,督促发行人真实、全面、准确、及时地披露与公司价值相关的重要信息,从而使得中小投资者的合法权益得到有力的保护,市场实现平稳运行与发展。

2.2.3 有效资本市场假设理论与信息披露

Harry V. Rober (1967) 将市场按照有效程度分为三个层次：弱势有效假设（Weak-form EMH）、半强有效假设（Semi-strongform EMH）、强式有效假设（Strong-form EMH）。1965年，美国经济学家 Eugene F. Fama 首次提出了"有效市场假说"理论，从而奠定了现代金融市场的理论基础。该理论认为，在资本市场中，如果资产价格完全反映了所有可以获得的信息，每种证券的价格都完全等于其投资价值，这种市场就是有效市场。进一步，按照证券市场反映信息充分程度的强弱，可以将市场分为弱式有效市场、半强式有效市场、强式有效市场。强式有效市场中，所有信息均反映在证券价格上，包括公开的信息和未公开的特殊信息。

弱式有效市场是指证券市场的价格仅仅反映了所有公开的历史信息，市场存在较为严重的信息不对称。半强式有效市场是指市场不仅仅反映了所有历史信息，还能反映当前所有公开的可得信息。在半强式有效市场中，与证券相关的信息一经披露即立刻体现在证券价格中，但在相关信息披露之前，投资者可以利用内幕信息获取市场的超额收益。在强势有效市场中，证券交易的价格一方面反映了历史以及当下市场主体所知晓的所有信息，另一方面也反映了一小部分人才知道的信息。相关研究表明，成熟资本市场基本达到了半强式有效市场的状态，而我国的资本市场基本处于弱势有效状态。

有效市场理论为充分进行信息披露提供了理论依据：一方面，真实、准确、完整、及时的信息披露是证券市场有效运行的前提和基础；另一方面，充分的信息披露有利于提高市场的定价效率。为了实现资本市场资源配置效率的有效提升，需要通过充分的信息披露从而提升对证券定价的准确性。在证券发行市场中，发行人应当充分披露财务信息与非财务信息、历史信息与前瞻性信息、利好信息与利空信息等。证券市场投资者对这些信息进行加工整理和分析，通过投资决策使得这些信息准确反映到证券价格中，从而提升了市场的有效性，同时也使得内幕消息使用者和证券投机行为无法在市场中获得超额收益，形成证券市场的良性循环。

由此可见，改善信息披露制度和规范，强化对证券市场的信息披露质量的监管，有利于缓解证券市场的信息不对称，防止内部股东和管理层利用所处的信息优势地位形成信息垄断，在通过内幕消息获取市场超额收益的同时，通过错误披露、误导性陈述或虚假披露等行为使得投资者做出错误的投资决策，造成证券市场资源的浪费与低效运转。

2.3 IPO 发行政府监管的理论基础

政府规制（Government Regulation）理论来源于漫长的市场经济的发展过程，该理论的逻辑起点是修正市场机制的失灵缺陷。世界经济发展史上的数次经济危机都证明了市场调节机制存在其固有弊端。因此，需要通过政府规制的方式弥补市场的不完全性缺陷，以维护公众的利益，这就是公共利益理论。但是随着经济社会的发展，政府不恰当的管制可能会产生相反的作用，降低社会整体的运行效率。学者们由此提出"政府管制失灵"理论，并进一步重新思考管制本身的方向和力度，为了同时解决政府失灵和市场失灵的问题，可竞争市场理论成为解决政府和市场关系的主要理论依据。

2.3.1 市场失灵理论

市场失灵理论认为，资源配置效率只有在完全竞争的市场中才能达到最大化。但在实际经济的运行过程中，完全竞争状态仅仅是一种理想情况。垄断、信息不对称、部分物品具有公共性等因素阻碍了市场调节机制持续发挥作用，造成了市场失灵。证券市场中，发行人与市场投资者存在严重的信息不对称，信息作为一种特殊的产品，具有公共性、外部经济效应等特性，会导致发行人的逆向选择和道德风险。在中国证券市场中，市场垄断、信息的公共产品性质、证券市场的外部不经济和收入分配的不公平是市场失灵的最主要原因（廖筠，2004）。此外，单纯采用 PE 估值法对上市公司投资价值进行判断也是片面的，间接导致了我国证券市场失灵（张敏，2010）。证券市场失灵现象在我国证券发行市场体现得尤为明显。在公司上市之前，发行人为了争取有限的上市资格，尽可能美化公司各方面的形象，从而通过中国证券监督管理委员会发行审核委员会（以下简称"发审委"）的审核，更有甚者采用欺诈发行的方式，等公司上市后股价出现崩盘现象，严重损害了中小投资者的利益，破坏了证券市场的秩序。

为了弥补市场的固有局限性，政府更可能对特定领域进行行政干预，从而达到保护社会公众利益的目的。这就是政府"支持之手"（Helping Hand）理论的主要观点。企业作为市场经济的最主要参与者，其活动具有一定的盲目性和逐利性，这一特性可能导致市场陷入无序竞争，也会导致社会不公平加剧。市场机制并不能很好地帮助企业克服这一弊端，因此，一方面需要政府通过法律、行政干预等制度建设来引导市场参与者的行为，维护市场的基本秩序；另一方面，政府可以通过合理的利益再分配实现收入公平等社会公共目标。

2.3.2 政府失灵理论

政府管制并不是随时有效的，或者说即使政府管制在当下有效，那么随着经济社会环境的变化，相同的管制手段可能也无法及时面对外围的变化，从而导致在部分领域出现管制低效甚至无效的现象。因此，一方面可以把政府权力视为一种资源，但另一方面，政府拥有的权力也可能成为一种潜在威胁（Stigler，1971）。政府权力极有可能被利益集团俘获，其决策未必会使社会福利提升，这就是"政府失灵理论"。该理论由经济学家布坎南提出，他认为无论是政府管制还是市场机制，都存在自身无法克服的弊端。因为现实生活中，政府追求公共利益最大化的假设并不一定符合实际。政府的政治和经济双重属性，使得政府不得不在很多经济领域同时承担着"裁判员"和"运动员"的身份，其所拥有的政治资源和优势地位使得其对市场运行产生重要影响。一旦行政干预不当，则会导致市场价格扭曲和秩序的紊乱。

在我国证券市场，政府失灵理论具有较强的解释能力。我国资本市场的建设与发展一直由政府主导。在改革开放初期，资本市场秩序刚刚建立，为了防止市场野蛮生长对金融系统乃至宏观经济带来的系统性风险，政府严格管控着公司上市发行、股票交易等市场活动。随着资本市场的进一步发展，以行政主导为主要特征的"审批制"和"核准制"均不再适应当下市场发展的需要，即政府的行政干预出现失灵，资本市场由于政府的行政干预出现证券价格扭曲、资源配置效率低下的现象。因此，需要通过改革重新梳理政府与市场之间的关系，在必要的领域适当放松政府的管控，在适当的领域加强政府的管控，从而充分激发市场机制的活力。

2.3.3 可竞争性理论

根据政府失灵理论，政府在经济领域不恰当的行政干预和管控并不能有效弥补市场机制失灵带来的弊端，反而会进一步加剧市场的不平衡，造成更严重的经济后果。因此，美国经济学家 William. Baumol、Panzar、Willig 联合提出了可竞争性理论，认为政府应当在市场调节与政府规制之间主动寻找平衡点。

可竞争性理论以政府失灵理论为根基，主张重新认识市场和政府的作用。可竞争性理论认为，在可竞争市场中，市场供给者随时面临着潜在进入者的竞争压力，这种竞争压力会很大程度上约束市场供给者的行为。这意味着该市场具有较低的进入壁垒和退出障碍，所以当政府希望提升某个领域市场的效率，可以通过行政的手段适当放松该市场的进入壁垒和退出障碍，这能够显著加大新进入这一市场的潜在竞争者对该市场中现有市场主体的威胁，从而逼迫市场主体提升自身效率，最终实现市场效率的整体提升。因此，对于政府来说，其最关键的作用就是通过制度设计，使得市场成为可竞争性市场，保持市场的潜在竞争态势，发挥市场自身的优胜劣汰机制，从而使得市场保持高效运转。

具体到我国资本市场，我国证券发行权一直掌握在政府手中，由于制度设计的原因，我国上市资格非常珍贵，上市成功后如果触发退市条款，政府也会通过重组等方式来拯救业绩差的公司，甚至一些面临退市的ST股股价高于绩优股（李自然和成思危，2006），这样的制度设计导致我国资本市场无法发挥优胜劣汰的调节机制。相比之下，目前纽交所上市企业超过三千多家，纳斯达克市场上市企业也在三千家左右，在百年的市场发展中，都遵循着对等的交易原则，并且在市场机制的作用下，其退市率也较高。因此，可竞争性理论为我国本次实施新股发行注册制改革奠定了理论基础。在注册制下，政府放松对于上市资格的要求，降低新股发行门槛，将价值判断的权力交还给市场投资者，并依靠市场设置退市标准，从而将股票市场打造成可进可出的潜在竞争市场，有利于发挥市场在资源配置中的决定性作用，改变过去行政主导下的资源配置扭曲的现状，提升资本市场的运行效率。

2.4 文献综述

2.4.1 研究框架简介

为了更加清楚地将本书与现有新股发行制度改革领域的研究联系起来，在进行文献综述之前，本节将简单介绍新股发行制度改革领域的基本研究脉络和框架，如图 2-1 所示。

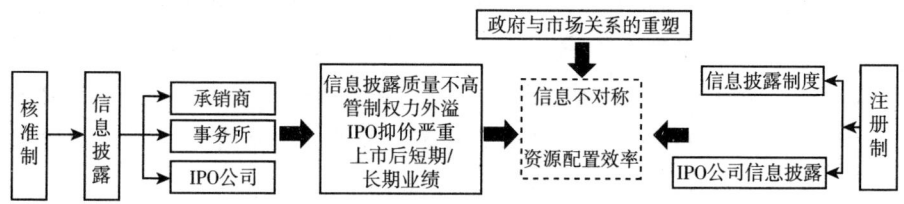

图 2-1 新股发行制度改革研究框架示意图

回顾现有关于新股发行制度对信息披露的影响的研究可以发现，IPO 公司是信息披露的主要义务人，其为了发行上市，需要向市场投资者和监管层披露与自身价值相关的信息，从而获得首次公开发行股票的权利。证券承销商及其他资本市场专业服务机构承担着为 IPO 公司信息披露把关的职责。新股发行制度的设计以及执行会显著影响 IPO 公司以及证券中介机构的信息披露行为，进而对资本市场资源配置效率产生影响。核准制的种种弊端导致 IPO 公司在上市前的信息披露质量不高，并且存在较强的行政主导，导致管制权力外溢，最终造成了资本市场资源配置效率的损失。

基于以上归纳与分析，本次新股发行注册制改革以"信息披露"为核心，政府重点监管 IPO 公司信息披露的质量，将价值判断的权力交还给市场。由此可见上市前的信息披露制度改革在本次注册制改革中的地位。因此，本书将沿着信息披露这条路径，研究本次注册制改革之下、上市前信息披露制度有何变化，检验 IPO 公司上市前的信息披露是否发生变化，以及发生了怎样的变化。

以下文献综述将从公司上市前信息披露与新股发行制度改革两个方面展开。

2.4.2　IPO 公司上市前信息披露文献综述

2.4.2.1　为什么要关注招股说明书的信息披露

发行人在首次公开发行（Initial Public Offering，IPO）时，需要披露关于公司当下经营状况以及未来发展潜力等相关的重要信息。发行人自身基于经营者这一天然优势地位，掌握更多与公司真实价值相关的信息，而外部投资者则主要依靠发行人根据监管要求以及自愿披露的相关信息来判断公司的价值，这就产生了发行人和投资者之间的信息不对称（Allen & Faulhaber, 1989）。招股说明书作为发行人在首次公开发行过程中信息披露的主要载体，既包括了财务报表和附注等数据类的"硬信息"，还包括大量文字陈述的"软信息"（Loughran & McDonald, 2013）。

（1）财务信息披露（硬信息）。

财务信息是企业当下运行情况最直观的反映，也是投资者进行价值判断时需要着重参考的依据。由于企业管理层与投资者之间存在信息不对称，投资者在向企业投资时会面临不了解投资价值大小的"信息问题"（information problem），从而降低资本市场资源配置的有效性（Healy & Palepu，2001）。因此，财务信息作为资本市场参与者重要的信息来源，对其进行的管制以及由此产生的信息供给（Watts & Zimmerman，1986），最终将通过影响投资者决策，系统性地影响资本市场的资源配置效率。会计信息中最核心的指标就是会计盈余，也是影响投资者 IPO 定价的重要因素（Willenborg et al.，2015）。因此，财务信息质量的高低将显著影响投资者的定价决策过程，最终影响到 IPO 公司发行定价的合理性。

（2）文体类信息披露（软信息）。

招股说明书中不仅包含了财务报表和附注等数据类的"硬信息"，更大篇幅的文字陈述中所传递的语义即"软信息"同样也深刻地影响了 IPO 市场的定价效率（Loughran & McDonald，2013）。相比于英语的表达特点，中国的汉语文化更加博大精深，一句话中往往蕴含了多层语义，更加委婉含蓄（顾曰国，1992；孟庆涛，2009）。中国高度依赖语境的文化背景下，招股说明书语言文字表达蕴含了有关发行人及其管理层丰富的信息含量。现有研究发现，招股说明书文字表达部分在信息含量（Hanley & Hoberg，2010）、信息模糊性（Arnold et al.，2010）、管理层语调（Loughran & McDonald，2013；Brau et al.，2016）等方面均对发行人和市场投资者之间的信息不对称进而对市场投资行为产生显著影响。

2.4.2.2 招股说明书信息披露质量的衡量方法

（1）财务信息披露质量。

正如前文所述，会计盈余是反映公司经营的核心指标，对于发行人是否能够成功发行上市甚至发行定价都会产生显著影响。从 IPO 机会主义的角度出发，由于 IPO 公司所发行的股票在公开上市之前并没有公允的价格，发行企业和承销商通常更依赖于会计数据对股票进行 IPO 定价。为了尽可能抬高发行价格，IPO 公司有动机进行会计操纵（Friedlan，1994；Teoh et al.，1998），这种现象不仅在美国 IPO 市场被证明存在（DuCharme et al.，2001），在中国 IPO 市场也同样存在（Aharony et al.，2000；魏明海，2000；张宗益和黄新建，2003）。由此可见，IPO 盈余管理是发行人在上市之前美化公司形象的一种重要手段，盈余管理程度越严重，财务信息透明度越低。关于信息透明度的衡量方法，现有研究成果如下：

第一，从收益与应计额的角度。现行会计准则的权责发生制使得财务报告中同时包括现金和应计项目，大量学者采用应计项目或是操控性应计项目的程度来衡量财务报告质量。最经典的是 Jones 模型（Jones et al., 1991），后来的学者在 Jones 模型的基础上进一步引入了应收账款的因素，消除赊销对营业收入的影响，推出修正的 Jones 模型。国内学者考虑到无形资产和其他长期资产同样对非操控性应计利润可能产生重要影响，因此对 Jones 模型进行了进一步扩展（陆建桥，1999）。这些模型在日后被学者们大量应用，作为衡量会计信息披露质量的衡量标准。第二，从收益与现金流量的角度。从长期看，企业的应计利润与实现的经营现金流量应当趋于一致，二者差异越小则表明盈余质量越高。因此，有学者采用二者之间的差异来衡量盈余质量（Dechow & Dichev，2002；Ball & Shivakumar，2005）。

还有学者认为，使用单一衡量指标存在一定缺陷，应当采用综合指标进行全方位的衡量才能弥补单一指标的不足。从盈余信息不透明的角度，有学者采用了综合指标对财务信息透明度进行衡量，具体包括盈余激进度、损失规避度和盈余平滑度以及三个指标的联合——总盈余不透明度（Bhattacharya et al., 2003）。其中，盈余激进度主要是认为上市公司有动机推迟损失的确认，但提前收入的确认，最终导致应计利润的增加，这会透支上市公司未来的盈利表现。盈余平滑度体现了应计项目的变化与年度现金流变化的相关系数。国内学者借鉴 Bhattacharya 等（2003）的思路，并加以调整和改进，对会计信息透明度的衡量进行了研究（杨之曙和彭倩，2004；周中胜和陈汉文，2008；王艳艳和陈汉文，2006）。

（2）文本信息披露质量。

现有对于文本信息的研究大致可以分为以下三类：

第一是证券信息文本特征，具体包括针对风险、竞争程度、前瞻性信息、虚假性信息、创新性信息以及重复性：

①风险种类及高低。识别与度量风险的主要方法是字典法（Loughran & Mcdonald, 2011；Campbell et al., 2014）。此外，还包括基于 K - 最近邻算法提出的一种多标签文本分类算法（Huang & Li, 2011）以及 LDA 模型法（Bao & Datta, 2014）。

②竞争程度大小。Li 等（2013）、Hoberg 和 Phillips（2010）基于对文

本相似性程度的计算分别构建出新的公司层面的竞争指标。

③前瞻性信息。通常采用字典法对文本中所包含的可能与公司未来发展相关的信息含量进行识别和度量（Li，2010；Muslu et al.，2015；Bozanic et al.，2013）。

④虚假性。主要是针对财务数据是否真实、会计文本是否会对投资者产生误导进行研究。主要采用有监督的机器学习算法进行虚假性的辨别，如向量机、贝叶斯算法和随机森林算法等（Goel et al.，2010；Humpherys et al.，2011；Purda & Skillicorn，2015）。

⑤创新性信息。即公司用于反映研发创新活动的文本信息数量，学者首先构建一个反映研发的词汇表，然后采用字典法来度量研发信息（Merkley，2014）。

⑥重复性。现有做法是基于将单词向量化的思想，用空间距离来测量文本的重复或者变化度（Brown & Tucker，2011；Hoberg & Phillips，2016）。论文剽窃探测软件 MOSS 也被相关学者用来计算并衡量文本的重合度（Li，2014）。

第二是证券信息可读性。SEC 将语言复杂性定义为非简明的语言，可读性较差的文本会增加投资者处理信息的成本。Fog 指数是最常用的可读性度量指标（Li，2008）。也有学者将文件大小作为可读性的度量尺度（Loughran & McDonald，2014），中国学者有利用笔画数（丘心颖等，2016）、文本逻辑和字词复杂性角度设计变量（王克敏等，2018）对可读性进行衡量。

第三是证券信息文本语调。语调是文字陈述给投资者最直观的感受，通常包括乐观或悲观、正面或负面、积极或消极等。目前应用最为广泛的度量语调的基本方法是字典法。研究者通过对乐观和悲观两类单词进行词频统计和比较得到文本的整体语调（卞世博等，2020）。另一种度量方法是朴素贝叶斯算法（Li，2010）。此外，Jegadeesh 和 Wu（2013）还提出一种新的算法，试图避免由于对单词语调主观分类导致的偏差。

2.4.2.3 招股说明书信息披露质量的经济后果

Ball 和 Brown（1968）首次实证研究发现在美国公司的财务报告中的信息对资本市场上的证券价格具有显著的影响，盈余变化与股票收益之间具有显著的正相关性，从而验证了会计盈余具有信息含量，并且能够影响投资者的投资决策行为。随后，学者们以 Ball 和 Brown（1968）的研究为基础，从公司会计信息出发展开了大量实证研究，取得了丰富的成果。

(1) 上市前信息披露与资本市场定价效率。

首先，财务信息披露方面，会计信息质量既会影响短期定价效率，也会影响长期投资回报。从短期定价效率看，有学者以全国的 IPO 公司所披露的会计信息质量为研究对象，发现 IPO 前披露的会计信息质量对 IPO 抑价具有显著影响，高质量的盈余信息 IPO 抑价程度较少，而低质量的盈余信息会导致 IPO 抑价程度显著提高（Boulton et al.，2011；Rakestraw et al.，2015）。这种现象不仅在国外资本市场存在，在 A 股市场也同样得到证实（陈共荣和李琳，2006；陈祥有，2009；蔡宁和米建华，2010；黄顺武和胡贵平，2013）。

从长期回报看，盈余管理对 IPO 定价影响往往表现为初始价格高估，而长期收益与长期股票回报不佳（DuCharme et al.，2001；Gao et al.，2015；冉茂盛和黄敬昌，2011；Shen et al.，2014）。但也有研究认为市场对盈余管理程度也能起到一定的识别作用并作出调整，造成 IPO 抑价率的降低（徐浩萍和陈超，2009；陈胜蓝，2010）。但是，当其他与定价相关的信息相对于应计信息更加不可靠时，投资者的定价往往会包含应计信息，但这也会导致事后业绩暴雷的诉讼事件（Billings et al.，2016）。

其次，文本信息同样会对定价效率产生显著影响。招股说明书文字部分的特征对资本市场而言同样包含丰富的信息含量（Hanley et al.，2010；Arnold et al.，2010；Hanley et al.，2012）。风险信息方面，招股说明书中风险因素部分的信息披露有所反映，从而对 IPO 首日回报率产生显著影响（Arnold et al.，2010；Ding et al.，2015；姚绍真等，2012；姚颐和赵梅，2016）；募集资金用途方面，招股说明书中关于募集资金用途的详细披露和说明有助于减少不确定性，可有效地引导投资者行为，并对 IPO 首日回报率产生显著影响（Leone et al.，2007）；

招股说明书的文字表达语调方面，研究发现：招股说明书负面语调与 IPO 首日回报率之间呈显著的正相关关系；在长期表现方面，招股说明书的负面语调越强，则公司上市后投资者长期持有股票获得超额回报率的可能性越小（卞世博等，2020）；文本信息中保守性陈述越多、软性（即表达模糊的、不确定的）陈述越多，则 IPO 抑价率越高（Arnold et al.，2010；Ferris，2013）。

(2) 上市前信息披露与股权融资成本。

会计信息披露质量的好坏将对公司的股权融资成本的高低产生重要影响。从风险与报酬理论出发,学者们认为投资者会对信息披露水平低的股票赋予更高的风险水平,导致这类股票在资本市场的需求减小,收到的报价降低,要求的预期投资回报提高,最终使得公司的融资成本更高(Barry & Brown, 1984)。这一理论推导在实证研究中也得到了印证,公司通过增加信息披露可以减少与投资者之间的信息不对称,有效提升公司对于投资者的吸引力,降低该公司股票的交易成本,提升其在二级市场上的流动性,降低融资成本(Diamond & Verrecchia, 1991; Kim & Verrecchia, 1994; Bloomfield & Wilks, 2000)。不仅如此,还有研究学者发现,公司向市场提供增量的信息对分析师也会产生显著影响,公司可能会获得更多分析师的关注,并且有利于提升分析师预测的准确性,更容易受到资本的青睐,最终体现为公司的融资成本随之降低(Bhushan, 1989; Lang & Lundholm, 1993; Lang & Lundholm, 1996)。

2.4.2.4 小结

回顾上述文献,我们可以发现,学者们对 IPO 公司上市前的信息披露进行了大量研究,取得了丰富的成果。具体而言,包括财务信息质量与文本信息质量的重要性、衡量方法、可能导致的经济后果。从研究结论看,IPO 公司上市前披露的财务信息和非财务信息都将影响着发行人与市场投资者之间的信息不对称,从而影响一级市场的股票发行定价和二级市场的股票交易,最终将对资本市场的资源配置效率产生基础性影响。

IPO 公司的行为与新股发行制度的关系密不可分。接下来,本书将着重回顾和总结新股发行制度设计对 IPO 公司信息披露的影响,从而探究信息披露改革的必要性。

2.4.3 新股发行制度文献综述

2.4.3.1 核准制与 IPO 公司寻租行为

上市资格作为我国资本市场的一项稀缺资源,长期处于供不应求的状态。核准制下,证券发行受到高度管制,新股发行节奏由政府调控,"政策市"特征十分明显(朱红军和钱友文,2010)。就上市机会而言,证监会明确指出核准制下证监会拥有上市公司的遴选权,上市资格历来是其管制的重点。目前从流程上看,地方政府和央企主管部门已经不再承担上市的初始审核责任,但企业在上市之前仍然需要征求当地省级政府和国家发展改革委员会的意见。并且,相比于没有政治联系的企业来说,获得地方政府支持或者券商有政府背景的企业仍然更容易获得上市的机会(李敏才和刘峰,2012)。而在我国法律环境薄弱的转型制度背景下,管制权力可能外溢并构成一种隐性契约(陈冬华等,2008),导致 IPO 市场管制效率低下,进而可能影响整个市场的资源配置效率。国内学者考察了 IPO 公司的发审委关联、政治联系等社会资本对上市机会的影响(Aharony et al.,2000;赖少娟和杜兴强,2012;李敏才和刘峰,2012),发现发审委社会资本、民营企业的政治联系显著增加了公司过会的概率,从而证实了资本市场中的寻租行为的存在。而这种寻租行为会导致资本市场的融资资源在企业之间分配的不均衡,加剧资源在供求两端的不平衡性,导致资本市场的资产定价出现扭曲,进而造成资源的错误配置(李明和赵梅,2014)。

2.4.3.2 核准制与 IPO 上市前信息披露行为

正如上文所述,在核准制下,上市融资的资格审核把握在证监会手中,由于股票供给规模的限制,上市公司股票作为稀缺的投资资源被投资者竞相争夺,这个格局会从三方面影响发行人在上市前的信息披露质量。

第一,操纵公司财务业绩。为了满足证监会实质性审核的要求(Aharony et al.,2000),发行人在上市前会采用应计或真实盈余管理等不同方式(Yu et al.,2006;Haw et al.,2001;祁怀锦和黄有为,2014;蔡春等,2013),导致招股说明书中披露的财务信息偏离公司的真实情况,造成财务信息披露质量低下(黄顺武和胡贵平,2013)。

第二,二级市场供小于求,投资者不重视信息披露质量。一方面,对于投资者来说,由于股票发行资格严格的行政管制,公司股票在二级市场中的溢价效应使得投资者认为"买到就是赚到"(刘煜辉和熊鹏,2005),尤其是在新股刚上市之时,即大家常说的"新股不败"现象。在这种环境中,投资者往往关注的是能否打中新股,对上市公司对外披露的信息缺乏足够的关注和分析。另一方面,对于上市公司来说,当股权融资机会稀缺时,即便上市公司披露的信息有限,仍然不用担心对投资者的吸引力下降,因为二级市场火爆的申购赋予了上市公司股票很高的流动性,使得上市公司的股权融资成本很低,上市公司并没有足够的动力提升信息披露质量,相反,高质量的信息披露会增加企业的成本。

第三,资源挤占。由于股票发行资格的严格控制,各家企业为了争夺有限的上市资源,企业往往会付出较大成本聘请专业财经公关探寻相关信息、疏通各层关系,这些行为都挤占了公司的有限资源,从而导致公司没有更多的时间精力提升信息披露质量(肖曙光和蒋顺才,2006)。

2.4.3.3 新股发行制度改革与招股说明书信息披露

近年来,我国新股发行制度也在进行着不断的变革和尝试。政府逐步意识到放松行政管制、引入市场化机制、转变监管重点以及加大事后处罚力度是我国新股发行制度改革的主要方向,监管的加强有利于上市公司信息披露质量的提高(Michael et al.,2018)。

中国证监会推出了一系列监管制度改革,不断调整监管重心,推动新股发行制度的市场化,显著降低了我国 A 股 IPO 公司的上市前盈余管理程度(陈书燕,2006)。但这种渐进式的改革使得收效并未达到预期。例如,有学者检验了 2006 年引入的 IPO 预披露制度的成效,结果发现由于 IPO 有偿沉默现象的存在,IPO 公司出现业绩变脸的可能性也更高(方军雄,2014)。此外,由于监管行为的力度不足,国内 IPO 保荐制在提高信息披露质量方面并没有发挥预期的作用(高惠等,2015)。也有学者指出,我国新股发行招股说明书中与公司风险相关的信息披露仍然不够具体和透彻(黄方亮等,2012)。针对注册制改革,有研究认为监管层对会计师事务所实施非处罚性监管能够提高会计师事务所对 IPO 公司信息披露质量的监督作用,降低发行市盈率(鲁桂华等,2020),但发行定价的合理性回归也可能归因于询价对象门槛的提高(张宗新和滕俊樑,2020)。还有研究认为科创板的定价仍然偏高,金融中介和发行人的定价能力有待提高(董秀良等,2020)。

2.4.3.4 新股发行信息披露改革理念取舍

对于新股发行制度改革中应当采取何种信息披露制度,学术界存在两种不同的理念。

第一种是主张强制信息披露。他们认为强制信息披露降低了信息不对称，可以使得投资者与融资者之间形成良性互动（Machael J. Fisherman & Kathleen. M. Hagerty，1997），还有学者认为强制性信息披露是通过制裁违规者发挥作用，如果违反强制披露法规的成本较低，则会导致市场普遍的合规水平下降，不利于市场的正常运转（Merritt & B. Fox，2001），因此应当在强制性披露的基础上加大事后监管和惩罚力度。第二种是主张自愿信息披露，通过市场机制对企业的信息披露行为进行调节。这种理念认为，承销商和会计师声誉机制、信访者激励机制、交易所竞争机制等市场内生机制可以自然维持市场秩序，保证市场正常运转，不需要政府通过强制性信息披露的法规对市场主体进行行政干预（Easterbrook & Fischel，1984），市场本身不存在持续性的市场失灵，因此无须强制信息披露（Stephen et al.，2000）。

从国内的研究成果看，普遍达成的共识是面对我国尚不成熟的资本市场，强制性信息披露是必然要求。强制性信息披露虽然不能完全杜绝欺诈等行为，但可以有效降低信息欺诈行为发生的概率，从而维护中国资本市场的运行秩序，有效保护中小投资者的利益（武丽，2006）。并且在证券法律法规不健全的制度环境中，更应当提高证券监管和执法效率，从而形成对法律的有效补充（刘白兰和李江涛，2010）。有研究以我国证券市场1999—2008年的上市公司为样本，考察违规监管对管理层薪酬敏感程度的影响，证实了对违规行为实施较强的外部监管可以有效缓解股东和高管之间的委托代理冲突（王海燕和陈华，2011）。还有研究表明，监管者的实际监管强度和对违规行为的处罚力度有利于遏制上市公司的违规行为（郝旭光等，2012）、提升会计信息的透明度，但并不能从根本上解决IPO公司上市前的盈余管理问题（周晓苏和李向群，2007）。

2.4.3.5 小结

回顾上述文献，我们可以发现，新股发行制度显著影响了IPO公司的各种行为，进而影响了信息披露质量。数次新股发行制度改革本质上是政府与市场关系在资本市场领域的一次又一次调整。随着新股发行制度的市场化改革，我们看到IPO公司的信息披露质量也在逐渐提高。但在我国尚不成熟的资本市场环境下，新股发行制度在坚持市场化改革的总体方向的前提下，仍然应当坚持强制信息披露为主的监管理念。

2.5 文献述评

回顾相关理论基础和研究成果,我们可以发现,IPO 公司在上市前所披露的财务信息和文本信息均具有丰富的信息含量,无论是对一级市场还是二级市场的投资者均将产生重要影响,最终对资本市场的稳定性、资源配置效率产生基础性的影响。新股发行制度的设计以及执行将显著影响 IPO 公司的行为,进而影响 IPO 公司在上市前信息披露的质量。

但过往的研究成果,一部分是建立在发达资本市场相对稳定的环境之上,另一部分是在我国审批制向核准制改革过程中以及核准制基本制度框架下的渐进式改革过程中。本次注册制改革,政府以"信息披露"为核心,在发行上市审核中,政府重点监管 IPO 公司的信息披露质量,将公司价值判断的权力交还给市场投资者。这标志着我国的新股发行制度向着市场化的方向迈出了实质性的一步,也是成熟资本市场所采用的制度在我国这样一个新兴资本市场的全新尝试和应用。

目前,关于我国新股发行制度注册制改革的文献较少,已有的文献基本是以理论分析和模拟推演为主,而以下问题尚未有文章进行研究:第一,目前尚未有文章通过制度的演变,从理论层面回答注册制改革的必要性;第二,鲜有文献详细对比分析我国注册制背后的立法、监管理念发生怎样的改变,其制度设计较过去核准制有何变化和不同,改革逻辑是什么;第三,目前尚未有文章详细对比分析我国试点实施的注册制与成熟资本市场的注册制有何差异,存在哪些不足,成熟资本市场的注册制是否仍然有值得我国借鉴之处;第四,目前尚未有文章全面分析和检验本次注册制改革在 IPO 公司上市前所披露的财务信息质量和文本信息质量方面所取得的成效。基于以上分析,本书将在后续章节围绕以上问题展开具体的研究和分析。

第 3 章　注册制改革及信息披露制度对比研究

3.1　引言

  20 世纪 90 年代，我国的证券市场刚刚起步，相关法律法规以及制度建设都不够成熟和完善，采用政府主导的行政审批制能够引导市场逐步走上正轨，防范金融风险。随着市场经济的发展，行政审批制僵化、低效的特点明显不符合资本市场市场快速发展的需要。国家推出了核准制以取代审批制。时至今日，核准制已经运行了将近 20 年的时间，期间也经历了不断微调，但无论如何调整，新股发行制度都无法摆脱浓厚的"行政干预"色彩，其固有缺陷无法满足当下宏观经济的发展需求，新股发行制度的新一轮改革呼之欲出。

  2019 年 7 月，国家设立科创板并试点实施注册制，国家希望通过实施注册制改革，有效弥补核准制的缺陷，提升资本市场的资源配置效率，从而真正发挥资本市场推动实体经济转型、科技创新的支撑作用。截至目前，注册制已经运行 2 年多时间，本次改革的必要性、制度背后的监管理念、制度设计具有怎样的特点、相较于现行制度（即核准制）有何发展是我们亟须回答的问题。此外，本次注册制改革是成熟资本市场新股发行制度在我国这样一个新兴资本市场的全新尝试，其制度设计、实践效果与成熟资本市场的注册制又存在哪些差异,哪些做法值得我们在后续的改革中借鉴和参考同样值得研究。因此,本章将按照图 3-1 所示的基本思路展开研究。

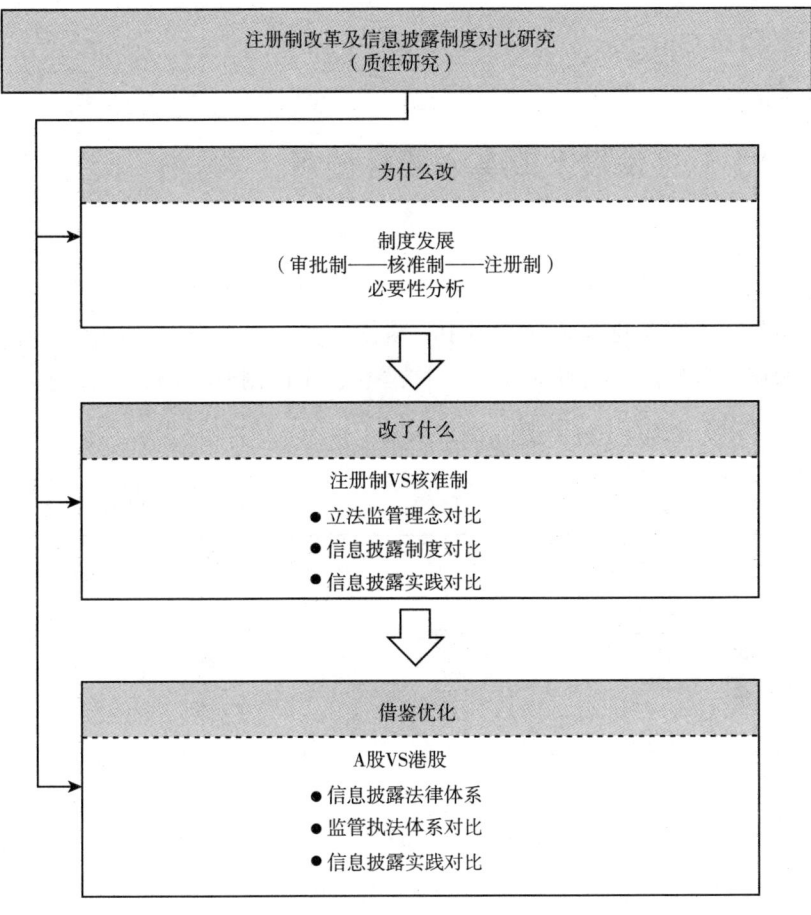

图 3-1 第 3 章研究框架

本章的研究成果存在如下三个方面的贡献:

(1) 依托委托代理理论的基本框架解释了本次注册制改革的必要性。

(2) 本章从立法和监管理念、信息披露制度设计方面系统梳理对比了我国新股发行制度的发展与变化,并通过案例分析的方式提供了注册制改革对于信息披露质量提升的证据。

(3) 本章从法律体系、监管体制方面详细对比了 A 股注册制与港股注册制的差异,并分析了 A 股注册制目前仍然存在的不足以及港股注册制可以借鉴之处，且通过案例分析的方式进行了经验总结，为未来的深化改革提供了参考。

3.2 制度发展及改革必要性分析

伴随着改革开放和社会主义市场经济体制的不断完善，我国新股发行制度也处于不断深化改革的过程中。整体而言，我国股票市场的新股发行审核制度先后经历了行政审批制、核准制、注册制三个阶段。具体时间如图 3-2 所示。

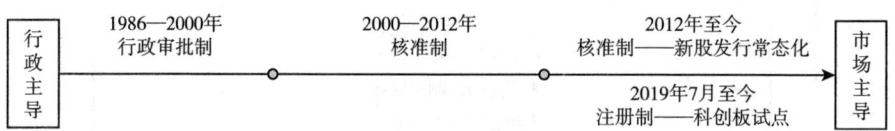

图 3-2 我国新股发行制度改革历程

3.2.1 行政审批制

3.2.1.1 发行审批制度

从 1986 年至 2000 年，这一阶段我国股票发行以政府的行政审批为主导，因此统称行政审批制。其中，20 世纪 80 年代中期至 90 年代初期，我国尚未形成全统一的制度。逐步建立起来的证监会、上海证券交易所和深圳证券交易所标志着全国范围内的证券监管格局开始形成。1993 年，我国第一部《公司法》的颁布为新股发行提供了法律依据。随后，行政审批中增加了额度管理和二级行政审批的内容和环节，行政审批制逐步进入额度审批管理期，仅有资质特别优越的企业才可能获得上市的资格。1996 年，国家推动实行新股发行指标审批，但强大的行政主导造成了上市公司中国企居多，民企较少，市场结构出现失衡。

3.2.1.2 行政审批制下的信息披露制度

在行政审批制下,我国信息披露制度体系的发展历程走过了两个阶段:第一是信息披露制度体系的初步成形阶段,1993年颁布的《公司法》为我国证券市场信息披露奠定了基本框架。在此期间,IPO信息披露的主要内容为发行人近3年的财务信息以及相关违法违规的情况。第二是信息披露制度体系的基本形成阶段,1998年《证券法》颁布,其带来的主要变化在于:一是进一步完善了信息披露的基本框架,增强了证券市场监管的实践性和可操作性,从而对IPO公司和已上市公司的信息披露行为的监管提供了法律依据和制度保障;二是《证券法》首次确立了"公开、公平、公正"的信息披露原则;三是形成以证券监督管理委员会为核心的全国性集中的证券监督管理体系,证券发行以及持续信息披露的监管职责更加明确,改善了原来多头管理的现状。

3.2.2 核准制

3.2.2.1 发行审批制度

随着1999年《证券法》的颁布和2000年股票发行核准程序的实施,标志着我国新股发行体制进入核准制阶段,且核准制自身改革发展的脚步同样没有停下,大体可以分为三个主要阶段:第一是通道核准制。该制度最大的特点是将证券公司作为发行人和发行审核监管机构的通道,希望通过证券市场行业自律的方式改善行政审批制度下完全由行政主导带来的弊端,证券承销商开始逐步发挥影响力。第二是保荐核准制。其重点是明确了保荐机构和保荐代表人的责任,希望发挥市场对于保荐机构和保荐代表人的激励约束机制,提升上市公司的数量和质量,但过于依赖保荐代表人同样造成了种种市场乱象。第三是核准制向注册制逐步过渡的时期。在此期间,监管层提出要不断推动新股发行体制向着市场化、法制化的方向前进,通过制度建设和改革,进一步梳理新股在发行、定价、配售各个环节的运行机制,改变过去行政主导的模式,积极引入市场机制。因此,这一时期的监管重点是合规性审查,市场化的成分明显加重,从而为实现监管转型、逐步推进新股发行注册制改革做好铺垫。

3.2.2.2 核准制下信息披露制度

在核准制下,信息披露制度体系逐步完善,2006 年,修订后的《公司法》和《证券法》正式颁布实施,为我国资本市场的信息披露制度奠定了坚实的法律基础。一方面,对于上市公司,重点强调"及时性",将上市公司的临时报告义务和定期报告义务提升到同样重要的地位。另一方面,持续信息披露制度也逐步完善,内容与格式准则、兼并收购信息披露规则、季报和业绩预告制度相继出台,信息披露体系基本形成,信息披露规则基本与国际化要求接轨。2007 年 1 月 1 日,IPO 公司和上市公司开始应用最新的企业会计准则,新企业会计准则进一步与国际会计准则趋同,对企业会计信息的生成和披露、会计信息质量都提出了更加严格的要求,为提升公司的财务信息披露提供了法律依据。

3.2.3 注册制

3.2.3.1 新股发行制度

2019 年 7 月 22 日,科创板历时 8 个月筹备,首批 25 家公司正式上市。新建科创板并实施注册制,是我国资本市场基础性制度的一次全新改革与尝试,与核准制相比,注册制更加强调监管部门对于信息披露事中和事后的监督,在审核主体、审核标准、审核环节、审核效率等方面均发生了重大变化。

第一,审核权下沉,审核程序简化,由上海证券交易所具体负责科创板上市企业的具体审核工作,证监会负责科创板股票的发行注册和监督。

第二,上市审核标准多元化,注册制下设定 5 套标准,放宽对未盈利企业、红筹架构、同股不同权的科创企业的限制。

第三,审核标准公开化,审核流程透明化。一方面,监管层首先向社会公众公开了审核规则,在 2019 年 3 月上海证券交易所发布的《科创板股票发行上市审核问答》中,市场可以看到监管层在发行上市方面一共提出了 32 条审核要点,相比于过去的制度,这是第一次以官方的身份发布成文的 IPO 审核规则,给予了各类市场主体明确的监管预期和标准。另一方面,监管层保持审核过程的透明公开,将其监管问询以及公司对于问题的相关答复都向市场进行公开,给予了市场充分监督的空间。

第四,审核重心发生变化。在核准制下,监管层不仅要审核公司的信息披露,还要根据披露的信息进行价值判断。注册制下,监管层调整监管重心,集中精力提升信息披露质量,将判断公司价值的权力交还给市场投资者。据统计,截至 2019 年 6 月,约 92 家公司一共披露了 223 份审核问询回复,囊括了大约 6000 个问题。监管层在第一轮问询中大约平均提出 50 个问题,并且随着问询的逐步深入,问题更加聚焦,这使得公司所披露的信息也更加透彻。

第五,审核效率较核准制大幅提高。监管层明确给出了科创板发行上市的审核周期,即在上海证券交易所层面进行审核的时长最多不超过 3 个月、公司的回复时长不超过 3 个月、中止审核不超过 3 个月,最长不超过 9 个月。从现实的审核情况看,首批的 25 家科创板企业从受理到证监会同意注册平均经历的审核天数为 75 天,相比之下,同时期核准制下最新上市的 23 家企业平均经历的审核天数为 625 天,由此可见,注册制大幅降低了企业上市的时间成本。

3.2.3.2 注册制的信息披露制度

在核准制下发行信息披露与持续信息披露相关制度的基础上,科创板针对科技创新企业的特点,上海证券交易所制定并颁布了《上海证券交易所科创板股票上市规则》(以下简称"科创板上市规则"),这套规则将现有持续监管的经验做法、市场的期待和共识以及境外成熟市场的制度实践有机结合在一起,充分考虑境内市场的发展阶段和投资者结构,在法律制度允许的空间内,进行了积极稳妥的制度创新,为科技创新企业借助资本市场做优做强创造更为适宜的制度环境,努力增强科创板的制度包容性和竞争力,构建了更有针对性和包容性的持续监管规则体系。

(1)首次提出"新三性"的要求。

对于 IPO 公司信息披露质量的要求,监管层提出了全新的标准,即充分性、一致性和可理解性。在审核过程中,交易所将从这三个角度,严格审核发行人所递交的申请文件,从而促使发行人以及相关金融中介机构能够切实履行信息披露义务,提高信息披露质量。

首先是信息披露的充分性。充分性是强调发行人在履行信息披露义务时，需要坚持投资者导向，重点披露对投资者作出投资决策有重大影响的信息，具体而言包括发行人的具体业务、所拥有的核心技术、财务管理水平、公司治理水平等。

其次是信息披露的逻辑一致性。监管层重点审核发行人所提交的材料相关表达前后逻辑是否一致，不同类型的材料能否形成交叉印证，是否存在前后矛盾之处，与同行业可比公司是否存在重大差异等。

最后是信息的可理解性，监管层要求发行人所提供的申报文件内容要简明易懂，用词尽量简明易懂，重点突出、形式直观地披露重要信息，降低普通投资者的信息提取成本。

（2）细化发行审核中信息披露违规责任。

本次注册制改革重新分配了信息披露责任主体。在全新的信息披露规则下，发行人与中介机构形成了双层信息披露责任架构。首先，第一责任人是发行人及其控股股东、实际控制人、董事、监事和高级管理人员，应当遵照法律法规的要求积极主动履行信息披露义务；其次，证券市场金融服务机构需要对发行人所披露的信息进行审核把关，承担资本市场"看门人"的角色。

（3）新增行业信息和经营风险的披露要求。

切合科创板主题。由于科创板面向战略新兴行业，这些公司都具有业务形态性、经营风险高、成长性强的特征。因此，监管层要求其新增披露与该行业以及自身相关的经营风险。

3.2.4 改革必要性分析

本书借助委托代理理论的基本理论分析框架对注册制改革的必要性进行分析。如图3-3所示，在资本市场信息披露模型中，投资人扮演委托人的角色，是信息使用者；上市公司扮演代理人的角色，是信息提供者；政府既是信息的使用者，也扮演着监督者的角色。

委托人方面，投资者基于投资决策的判断，迫切需要从发行人处获取信息，并对所披露的信息进行分析和判断，这个过程实际也是对信息披露质量进行监督的过程；代理人方面，发行人的信息披露行为主要取决于其收益与成本的配比情况。当发行人通过操纵信息披露在证券市场获取的超额收益超过其监管成本时，上市公司就会缺乏提升信息披露质量的动力，甚至产生舞弊或欺诈的动机（黎文靖，2007）。监督人方面，监管层基于其公共管理者的身份，同时扮演者委托人和监督人的角色。一方面，监管层希望发行人能够提高信息披露质量，从而维护资本市场的稳定运行；另一方面，监管层依托自身强制力（Stiglitz，1993），通过法律、法规等制度安排，发挥自身监督作用，改变其预期收益与成本，从而抑制发行人在信息披露中的机会主义行为。

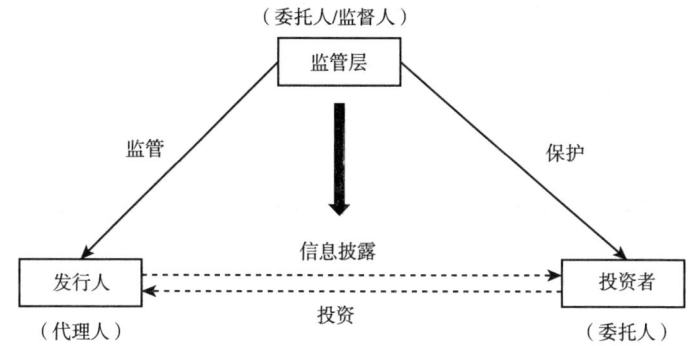

图 3-3 资本市场信息披露模型

在核准制下，监管层将信息披露审核、公司价值判断的责任集于一身，上市发行资格由行政主导，甚至发行定价也长期受行政指导管制。在这样的制度安排下，一方面，发行人仅仅需要对监管层负责，从而争取上市融资的资格，而无须关注投资者的信息披露需求；另一方面，行政管制造成了A股市场新股不败，"买到即赚到"，投资者热衷于打新，也无须关注信息披露质量的高低。这一模式在资本市场发展的早期能够很好地遏制市场的种种乱象，但过多的行政干预导致市场的价值发现功能和优胜劣汰机制无法发挥作用，造成了资源配置效率的扭曲。

注册制下，监管层重新调整了信息披露模型，将发行定价的权力交还给市场投资者，同时加强对发行人信息披露的监管力度，体现为投资者导向的信息披露。在这样的制度安排下，投资者可以根据发行人所披露的信息进行价值判断，并自主提出发行报价，真正通过"用钱投票"的方式决定公司价值的高低,提升了市场对于发行人信息披露的监督动力。发行人为了获得上市的机会,需要真正对投资者负责,提升信息披露质量。这样的转变使得市场能够充分发挥价格发现和优胜劣汰的机制,转变原有核准制下的扭曲状态,充分发挥资本市场对实体经济的支持作用。

基于以上分析我们看到,注册制改革是调整资本市场信息披露委托代理模型的关键所在。只有通过注册制改革,才能重塑监管层、发行人、投资者之间的关系,改变信息披露的激励约束机制,提升发行人的信息披露质量,最终真正提升资本市场的资源配置效率,使之成为支撑实体经济转型升级、推动我国宏观经济高质量发展的重要动力。

3.3 中国核准制与注册制信息披露制度比较研究

3.3.1 立法与监管理念对比

习近平总书记在多个重要场合强调,我国的重大改革都要于法有据,运用法治思维和方式来推动改革,确保在法治轨道上持续推进改革。2019年12月28日,《中华人民共和国证券法(修订草案)》获得正式通过,并于2020年3月1日起正式实施。《证券法》是资本市场的"根本大法",为注册制的实施提供了法律依据,也进一步提升了我国资本市场的法治化水平。

3.3.1.1 立法理念的改变

本次《证券法》的修订和注册制改革,其本质在于证券发行权的性质发生了根本性的转变。学术界对于证券发行权性质归属按照权力来源划分为行政许可权和商事权。在核准制下,政府在进行了一系列审核之后通过行政授权的方式将证券发行权赋予合格的发行主体,证券发行的权力体现为一种行政授权,即行政许可权。在注册制下,由证券法律赋予民事主体发行证券的权力,市场投资者与发行主体通过签订契约的形式进行证券买卖,而政府作为公共管理部门,为了维护证券市场稳定有序,出于公共利益需要,从保护中小投资者的角度对发行主体所披露的信息质量进行把关,而不行使实质的否决权,证券发行的权力体现为商事权。因此,在发达资本市场监管史上,通过立法确立了证券发行权归属于公司法人,但该权力会涉及公众利益,发行人在行使证券发行权之前,必须接受政府监管部门对其进行的监督,从而防止其滥用权力使得社会公众利益遭受损害。表3-1列示了《证券法》修订前后的具体条款对比。

表3-1　　　　　　　　《证券法》修订前后条款对比①

修订前	修订后
公开发行证券,必须符合法律、行政法规规定的条件,并依法报经国务院证券监督管理机构或者国务院授权的部门核准,未经依法核准,任何单位和个人不得公开发行证券	明确规定了公开发行证券,必须符合法律、行政法规规定的条件,并依法报经国务院证券监督管理机构或者国务院授权的部门注册,未经依法注册,任何单位和个人不得公开发行证券
国务院证券监督管理机构设发行审核委员会,依法审核股票发行申请。发行审核委员会由国务院证券监督管理机构的专业人员和所聘请的该机构外的有关专家组成,以投票方式对股票发行申请进行表决,提出审核意见。发行审核委员会的具体组成办法、组成人员任期、工作程序,由国务院证券监督管理机构规定	国务院证券监督管理机构或者国务院授权的部门依照法定条件负责证券发行申请的注册,证券公开发行注册的具体办法由国务院规定。按照国务院的规定,证券交易所等可以审核公开发行证券申请,判断发行人是否须符合发行条件、信息披露要求,督促发行人完善信息披露内容

　　从《证券法》的授权边界看,监管层从信息披露的充分性、一致性、可理解性等方面对IPO公司的信息披露质量进行全面审核,同时,将发行定价、价值判断等权力让渡给了市场投资者,不再干预新股发行定价,这同样意味着证券发行权力属性中行政色彩的淡化,商事属性的加强。但我国的注册制并不是一种完全的商事权,而是一种附条件的特殊商事权。新《证券法》第二十二条赋予了监管机构对IPO公司发行注册的否决权,在实践中,证监会针对信息披露不充分的IPO公司也实质行使了该否决权。

---

① 本表由作者根据2014年版《证券法》和2019年版《证券法》资料整理所得。

2019年8月30日，证监会否决了恒安嘉新公司的注册申请，这是首例证监会不予通过的科创板注册企业。公告显示，证监会最终否决的原因主要包括：一是公司2018年存在一项会计差错，有4份重要合同的收入确认时点不符合企业会计准则的要求，这体现了发行人可能存在会计基础工作薄弱和内控缺失的情况。二是信息披露不合规。公司因股权转让认定导致股份支付需要进行会计差错更正，但该事项却未在发行人的招股说明书中进行披露。从本案例可以看出，信息披露的瑕疵和能力是证监会否决恒安嘉新上市注册申请的核心原因。该否决案例也充分体现了证监会监管重心的转移，表明本次注册制改革中，监管层并非停留在表面的形式审核，而是在IPO公司合规的前提下充分赋予发行人公开发行证券的权力，这正是附条件的特殊商事权特征的体现。

3.3.1.2 信息披露理念的取舍

（1）信息披露相关理论。

注册制的核心是信息披露，在成熟资本市场长期的发展与实践中，政府对于IPO公司信息披露的监管理念逐渐形成了两种不同的信息披露理论，即强制信息披露理论和自愿信息披露理论。

第一种是强制信息披露理论。该理论由路易斯·D.布兰代斯提出，美国《1933年证券法》就是以强制信息披露理论的基本理念为原则拟定，规定了证券公开发行报备说明书制度，如果相关信息披露存在重大错误、误导性陈述或重要遗漏，发行人及与发行有关的其他人需要承担相应的民事和刑事责任。这决定了发行人的信息披露行为是一种法定义务，具有强制性。威廉·道格拉斯教授在布兰代斯教授的基础上进一步发展了强制信息披露理论，第一是认为政府需要对IPO公司所披露的信息进行事前审核；第二是认为监管层还应当进行持续性监管，即法定持续披露理念。但是过于严苛的强制信息披露同样会带来两个潜在的负面影响，一是会造成市场的投资者过于依赖政府对于IPO公司所披露信息的判断，放大政府公共权力的边界，缩小商事权的范围，最终演变成政府的行政主导，导致资源配置的扭曲；二是过度的监管会显著提升监管成本，造成行政资源的浪费，证券监管的失效。

第二种是自愿信息披露理论。该理论认为不需要通过法律对实质信息披露进行强制性规定。根据有效市场假说，公司及管理层为了成功发行证券，有足够的动机向证券市场披露与公司价值判断相关的实质性信息。在市场机制的调节下，发行人会自愿向资金提供者披露相关信息，而发行人之间基于对资金的竞争也会自愿披露，并且投资者具有理性思维，能够识别信息披露质量的高低。从长期来看，信息披露质量高的公司资本成本较低，也更容易获得资金的青睐，提升本公司股票的流动性。市场中介机构的存在也会在声誉机制、市场竞争机制的作用下对公司信息披露质量进行充分的监督。自愿信息披露理论是基于市场机制的优点的基础上提出的，但市场失灵可能会造成证券市场的混乱，不利于经济的平稳发展。

（2）注册制改革的信息披露理念分析。

我国资本市场遵循的是以强制信息披露为主，自愿信息披露为辅的信息披露理念，且在注册制下，政府一方面对强制性信息披露质量提出了更高的要求，另一方面也通过市场机制促进上市公司提升自愿性信息披露质量。具体分析如下：

夯实发行人的法定信息披露义务。第一，新《证券法》第七十八条用"发行人、其他信息披露义务人"代替了旧证券法中的"发行人、上市公司"。此外，控股股东、实际控制人等主体也被认定为是信息披露义务人，因此新《证券法》显著扩大了信息披露主体的覆盖范围。第二，注册制提升了对信息披露质量的要求。新《证券法》明显提高了对于信息披露相关内容可阅读性和可理解性的要求，要求信息披露义务人采用易于投资者理解的方式进行表达，这对信息披露主体提出了更高的信息披露质量要求。

此外，新证券法还将自愿信息披露的理念纳入立法中，例如《证券法》新增第八十四条就鼓励信息披露义务人自愿披露与价值判断相关的信息。这一条款与注册制的发行定价机制遥相呼应，在法律规定的同时，充分利用市场机制提升IPO公司的自愿性信息披露动力。

3.3.1.3 信息披露法律责任体系的构建

在以行政为主导的核准制下，证券监管部门对IPO公司进行全面实质性审核，审核内容既包括了信息披露的合规性，也包括了这些披露的信息背后所代表的公司价值。这一方面使得 IPO 公司以监管部门为导向进行信息披露，而非市场投资者。另一方面，由于发行证券的权力掌握在监管机构手中，我国 A 股市场处于供不应求的状态，导致投资者无须关注 IPO 公司在上市之前的相关信息披露。注册制下，监管层树立以投资者为导向的信息披露理念，重新梳理发行人、中介机构、监管层、投资者的权利与义务，打造全新的信息披露法律责任体系。在该体系下，监管层从原来大包大揽但又应接不暇的疲劳状态中解放出来，能够集中精力进行资本市场制度建设和维护资本市场秩序。同时，真正让发行人对市场投资者负责，中介机构履行资本市场看门人职责，最终进一步优化资本市场的信息披露环境，形成市场投资者、政府监管部门、中介机构等多维信息披露监督机制。具体如图 3-4 所示。

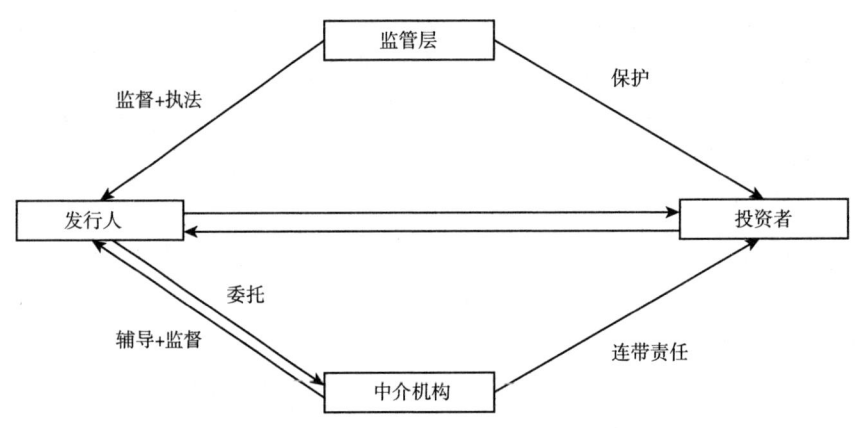

图 3-4　多元主体的信息披露法律责任体系

（1）夯实发行人的主体责任。

一是扩大信息披露的义务主体。与旧《证券法》相比，新《证券法》将除上市公司和发行人以外的，包括控股股东、实际控制人等相关责任主体纳入信息披露义务主体的范围之内，扩大了监管对象的范围。二是信息披露违法的成本也随着新《证券法》的修订而大幅提高，这将显著改变发行人进行信息披露机会主义行为的预期收益和成本配比。

（2）转变监管层的法律职责和角色。

新《证券法》规定，证监会负责注册，交易所负责审核。这体现了证券发行权是附条件的特殊商事权的属性特征。在注册制下,监管层仍然需要对信息披露质量进行实质审核,并不是形式审核。第一,由交易所前端审核,由证监会负责对发行申请注册。第二是证监会对发行全过程中的各个重要参与主体的行为进行监督。第三是对违法行为进行稽查处罚,对违法违规行为进行严格执法,加大违法违规成本。

(3) 压实中介机构市场的法律职责。

明确了中介机构的法律责任。在成熟资本市场上,中介服务机构被普遍赋予"看门人"职责。中介服务机构不仅要对委托人负责,也负有对市场、对投资者负责的义务,如果不能切实履责,应当承担法律责任。具体来看,一是要求证券市场中介服务机构应当勤勉尽责、恪尽职守,在现行法律法规框架内合理为证券交易及相关活动提供服务;二是大幅提高了行政处罚;三是加大了中介机构民事责任。如果发行人存在欺诈发行的行为,保荐人需要承担连带民事赔偿责任。

(4) 投资者保护制度。

新《证券法》单独设立专门章节对投资者保护进行规定,做出了很多具有突破性的创新法律安排。最突出的亮点是将投资者投资利益保护落到实处,为投资者提供了维护权利的法律途径。第一是新证券法建立了发行人重大违法先行赔付制度;第二是建立了证券民事诉讼制度,投资者保护机构可以作为诉讼代表人,依法为受害投资者提起民事损害赔偿诉讼。先行赔付和集体诉讼制度是落实投资者保护的立法理念的体现,不仅为广大普通投资者维护自身正当权益提供了合法、有力的渠道,也能够有效提升广大投资者对上市公司信息披露行为进行监督的积极性。

总体来看,本次证券法修订是一次全面的修订,从以上的分析不难看出,本次修订围绕如何提升发行人信息披露质量展开,核心是通过明确发行主体责任、监管层权责、中介机构责任、完善投资者保护制度等重要举措,最终构建了一套多元主体的信息披露法律责任体系。这一体系的建立,让监管层重心较之过去有了明显的转移,致力于构建高效、透明、公平的资本市场秩序,加大事中和事后的行政处罚力度,而不再对市场主体之间的具体行为进行行政干预,将价值判定、价格发现的市场功能凸显出来。这一重要改革是政府与市场之间关系的一次重塑,有利于充分发挥市场在资源配置中的决定性作用，也有利于资本市场更好地服务具有良好发展前景的企业。

3.3.2 发行上市信息披露制度对比

3.3.2.1 信息披露审核理念对比

核准制下，监管层对于 IPO 公司信息披露的原则为真实性、准确性和全面性。本次注册制改革，监管层首次提出了信息披露的"新三性"原则，即充分性、一致性和可理解性。"新三性"可以看作"老三性"的突破和发展，体现了投资者导向的信息披露原则。首先，信息披露的真实、准确和全面是充分性的前提，充分性是真实、准确和全面性要求的纵向发展，它要求 IPO 公司的信息披露不仅仅停留在一般性的信息描述和数据的简单罗列的浅层面，要更加细致地挖掘这些信息背后的深层次原因以及对于公司当前和未来价值可能产生的影响。其次，一致性和可理解性原则是对于"老三性"的有效补充。当前我国 IPO 公司的招股说明书大多在 300 页以上，包含了堪称"海量"的信息，但是基于人类认知和记忆的自然规律，会导致只关注自己能够记住的信息，而轻视或忽略冗长复杂的信息（Tversky，1979），这使得如果招股说明书的可读性较差，投资者能够获取的有效信息将极为有限。因此，强化招股说明书的一致性和可理解性原则，有利于降低投资者的信息获取成本，提升信息传递效率。

3.3.2.2 信息披露具体制度的对比

招股说明书是 IPO 公司发行上市前所披露的材料的核心内容。2019 年 3 月 1 日，证监会正式发布了《公开发行证券的公司信息披露内容与格式准则第 41 号——科创板公司招股说明书》（以下简称"41 号文"），本章将该制度与《公开发行证券的公司信息披露内容与格式准则第 28 号——创业板公司招股说明书（2015 年修订）》（以下简称"28 号文"）进行详细比较和分析，从而对比研究核准制与注册制下对于招股说明书信息披露的要求产生了哪些变化以及可能带来的潜在影响。

（1）信息披露的总体要求方面。

从信息披露总体要求的变化看，充分体现了投资者导向。具体来看，在招股说明书的概览部分，一是更加细化主营业务的信息披露，需要通过财务数据具体展现发行人的主营业务、产品特点和竞争地位；二是着眼于未来发展，新增了发行人核心技术、模式创新等方面的核心竞争优势以及未来发展战略披露。这样的内容安排有利于投资者在阅读招股说明书的开篇时能够对 IPO 公司的主要经营业务类型、性质、成果、核心竞争力以及未来发展的前景形成总体框架，有利于投资者更加有针对性地阅读后续各个部分的具体内容。

（2）风险因素信息披露。

从风险信息披露要求的变化看，核准制下，关于风险信息的披露仅仅是笼统地做出原则性的要求，反观注册制，则对风险因素相关的信息披露要求进行了全方位、多维度的拓展和深化，信息披露范围涵盖了从公司前台的产品研发与生产、市场经营到中后台的内部控制风险、财务风险、法律风险等多个环节，并且强调披露与公司相关的信息，而非行业共性风险。

（3）关键技术与研发创新。

对比核准制的 28 号文和注册制的 41 号文，注册制对公司关键技术的信息披露要比核准制下更加充分和详细，逻辑更加完整，可验证性更强。首先，要求发行人确定自身所属行业并说明确定依据，该信息的披露有利于投资者理解发行人对自身的行业判断和定位，并遵循这一判断标准继续阅读和辨析后续的内容。其次，对发行人自身成果的应用程度的纵向深度介绍，以及发行人自身与同行业可比公司在关键业务数据指标的横向对比，可以进一步让投资者了解发行人所处的行业环境、竞争态势与市场地位。最后，关于公司主要产品、技术先进性以及研发团队相关明细信息的披露能够更加详细地展现公司核心盈利来源以及未来公司技术创新和产品研发可能获得的发展空间。三层次的信息披露要求形成了"行业归属——科技转化——市场定位——开拓创新"这一完整的逻辑链条，既展现当下经营成果，又面向未来发展，系统地向投资者展示了与公司价值紧密相关的核心信息体系。

（4）财务会计信息。

对比核准制与注册制下监管层对于"财务会计信息与管理层分析"部

分的披露要求，我们可以发现信息披露制度的要求发生了如下转变：

第一，财务会计信息的充分性要求加强。本次注册制下的IPO公司招股说明书中对财务会计信息的披露要求更加充分翔实。41号文要求IPO公司不能仅将财务数据进行简单罗列，对于经营成果、资产项目，要结合公司的业务特征，多维度全方位地详细披露收入结构、资产类型，让投资者能够看到这些对公司价值紧密相关的关键指标的影响因素、影响程度以及风险所在，从而更好地帮助投资者进行价值判断。

第二，财务会计信息的逻辑一致性要求加强。首先，注册制下一个重要新增规定是，发行人需要首先披露发行人所认定的与财务会计信息相关的重大事项或重要性水平的判断标准，这能够帮助投资者建立关于IPO公司的规模大小、行业地位、业务性质等方面的总体印象，更好地判断管理层针对公司当前的盈利能力、资产状况等进行的分析与讨论是否客观。其次，注册制下首次明确提出，应当结合业务经营活动实质、经营模式及关键审计事项，披露公司所采用的重要会计政策和会计估计，以及选用的标准，如果相关会计政策与会计估计显著与同行业可比上市公司不同，应当充分分析这种不同为何产生，并且充分评估可能给公司财务信息产生的影响。核准制下并没有相关规定。一方面，这可以压缩核准制下IPO公司利用会计原则的弹性进行信息操纵的空间，提升财务信息质量；另一方面，可以增强财务数据与会计方法之间的逻辑一致性，帮助投资者更好地解读财务信息。

（5）投资者保护。

本次注册制下新股发行信息披露中的一个重要亮点就是将投资者保护单独列为一个章节，其中最突出的变化在于发行人的股份购回条款，即向投资人承诺信息披露义务主体若存在虚假记载、误导性陈述或重大遗漏等骗取发行注册的行为，则从投资者手中回购本次公开发行的全部新股并承担与此相关的一切法律责任，这是相对于核准制的一大进步。在核准制下，并未有相关条款安排，仅要求发行人、发行人的实际控制人及一致行动人在招股说明书中承诺不存在虚假记载、误导性陈述或重大遗漏，而并没有股份回购的义务。这充分体现了注册制充分加强了对中小投资者的权益保护。

3.3.3 信息披露制度实践对比——案例分析

招股说明书是 IPO 公司为了申请上市向监管层提交的核心材料，也是向资本市场投资者传递公司信息的主要窗口。招股说明书的格式及内容通常会经过申报、意见反馈、修改回复等几轮完善过程，因此，通过证监会对于 IPO 公司申报内容的反馈意见以及最终在发行环节面向广大市场投资者公布的最终正式版本的招股说明书，我们可以在一定程度上透视监管层的审核重点以及 IPO 公司的信息披露特征。为了更好地研究注册制下监管层审核理念以及 IPO 公司信息披露特征发生的变化，本书选取了核准制下在创业板上市的公司和注册制下在科创板上市的公司，对比分析两家公司的招股说明书信息披露特征以及监管层对于两家公司上市审核过程中的意见反馈，试图探析注册制相对于核准制的制度设计在 IPO 实务领域是否得到真正的践行。为了排除其他因素的干扰，本章选取的案例公司为同行业、规模相当的可比竞争公司为分析对象。

3.3.3.1 案例公司基本情况介绍

（1）B 信息技术股份有限公司。

本书所选取的注册制下的公司为 B 信息技术股份有限公司（以下简称"B 信息"）。该公司成立于 2004 年，于 2020 年 1 月在上海证券交易所科创板成功发行上市，股票代码 6881××，注册地址位于湖南省长沙市长沙高新技术产业开发区内，公司所属行业为信息技术行业中的通信设备制造业，主承销商为中金公司。该公司所述行业为智慧公用事业领域，主要依托于物联网技术创新电、水、气、热等能源的管理方式，为客户提供能源管理服务。

（2）深圳 C 科技股份有限公司。

本书选取了 B 信息的同行业可比上市公司深圳 C 科技股份有限公司（以下简称"C 科技"）进行对比分析。该公司成立于 2002 年，2017 年 4 月在深圳证券交易所创业板成功发行上市，股票代码为 3005××，注册地址位于广东省深圳市南山区桃源街道光前工业区内，公司所属行业同样为信息技术行业中的通信设备制造业，主承销商为招商证券股份有限公司。该公司是一家集研发、生产、销售无线产品及运维服务于一体,专注于为各行业提供无线传感网络综合解决方案的国家高新技术企业。

3.3.3.2 招股说明书的对比

(1) 招股说明书的内容构成。

从内容变化上看,C 科技与 B 信息的招股说明书的基本结构基本相似,但注册制在保留了原有招股说明书基本格式的基础上,对信息披露的内容仍然有重要调整。

首先,从各章节所占篇幅比重变化看,表 3-2 显示了两家公司招股说明书各章节的结构分布,我们可以看出,当下监管层对于 IPO 信息披露的审核重点,在原来的基础上更加重视企业风险因素、投资者保护、同业竞争和关联交易的信息披露质量。其中,风险因素相关信息披露的充分性更加有利于投资者理解公司当前的价值与面临的潜在风险,同业竞争和关联交易的披露有利于提升财务信息质量,二者均有利于投资者更加准确地识别发行人的市场价值,提升发行定价效率,投资者保护章节直接体现了监管层对于投资者权益保护的监管理念。

表 3-2   招股说明书正文构成对比[①]

信息披露类型	C 科技		B 信息	
	页数	占比	页数	占比
概览	4	1.53%	21	3.32%
发行概况	3	1.15%	6	0.95%
风险因素	5	1.92%	16	2.53%
发行人基本情况	31	11.88%	37	5.85%
业务和技术	66	25.29%	175	27.65%
同业竞争和关联交易	10	3.83%	71	11.22%
公司治理	20	7.66%	44	6.95%
财务会计	35	13.41%	49	7.74%

---

① 此表为作者根据两家公司的招股说明书内容整理所得。

续表

信息披露类型	C 科技		B 信息	
	页数	占比	页数	占比
管理层分析与讨论	53	20.31%	128	20.22%
募集资金使用	8	3.07%	27	4.27%
股利政策	3	1.15%	1	0.16%
投资者保护	13	4.98%	38	6.00%
其他重要事项	3	1.15%	8	1.26%
董监高及中介机构声明	7	2.68%	12	1.90%
合计	261	100.00%	633	100.00%

（2）信息披露的相关性。

B 信息的招股说明书的信息披露相关性更强。具体体现在以下三个方面：

首先，从招股说明书开篇的重大事项提示部分看，B 信息的描述更加开门见山，直接传达了公司的来源、主要经营状况和面临的风险，让投资者能够在开篇对公司形成整体认识，而 C 科技在开篇的重大信息提示则显得相对形式化，均是按照既定格式做出的相关分配方案的介绍和投资者保护的承诺，投资者无法在开始形成对公司的整体把握，不利于后续阅读的顺利展开。

其次，从特别提示风险的描述看，C 科技此处并无具体的风险提示。B 信息在特别提示风险部分一共披露了 6 种风险。其中，关联交易，与实际控制人存在共同客户、共同供应商、共用商号，客户集中度较高与公司的实际经营直接相关，且在描述中列举了详细的数据和比例，让投资者能够较为直观地感受到公司的风险所在。从风险因素的特别提示可以看出，B 信息的风险因素的相关性更高，并且陈述内容更加翔实。

最后，业务与技术部分，从篇幅占比看，C 科技的招股说明书中本部分内容共计 66 页，其中与公司直接相关的信息占比 67%，B 信息的招股说明书本部分内容共计 175 页，与公司直接相关的信息占比 87.43%。由此可见，B 信息将大部分篇幅用于介绍与公司直接相关的信息，相关性显然更强。

(3) 信息披露的充分性。

B 信息的相关信息披露更加充分，具体分析如下：

首先是管理层讨论与分析，对比二者对于公司盈利能力的分析，从营业收入部分看，C 科技对于收入变动的分析仅停留在某产品增长、某区域收入增长等浅层次分析和总结上。B 信息对于营业收入的变动情况描述分析则较为详细，无论是对产品结构还是地域分布等收入的分析，均能够落脚到某类订单增加、某子公司业务拓展等具体原因，显著增强了公司业绩变动原因的可靠性和真实性。类似的在营业成本、毛利率部分，B 信息的数据分析与解释均更加充分。作为招股说明书中最核心的内容，管理层分析与讨论是公司高管与投资者直接对话的窗口，其内容的真实性、充分性对于市场投资者理解公司的主营业务、当下的经营状况以及未来的发展规划具有至关重要的作用。对比之下可以发现，注册制下的 B 信息公司的管理层讨论与分析的内容更加具体、翔实。

其次是业务与技术部分，B 信息在公司的竞争地位、技术创新与研发等方面的描述更加详细。以竞争地位为例，C 科技仅仅用一页篇幅简单介绍了公司的行业地位，而 B 信息对公司行业地位进行了充分的描述，一方面，结合自身并同时援引第三方数据明确陈述其在行业中的竞争地位；另一方面，还从收入规模、收入结构、净利润、中标合同资金规模及行业占比、专利拥有数量、研发人员数量及占比、研发投入及占比、产品规格及应用条件、产品性能质量等方面与竞争对手进行了详细的对比分析。对比 C 科技和 B 信息的业务与技术部分的相关信息披露，我们可以发现，B 信息关于公司自身的信息披露比重更大，对比信息维度更丰富，内容更加深刻。投资者在阅读本部分内容时能够对 B 信息的主营业务、技术优势、行业地位等建立更加全面、透彻的认识。

最后是在风险因素的充分性方面，C 科技公司虽然对每种风险均有提及，但相关表述较为肤浅，信息含量较低，有些甚至将风险披露转换表达，变相披露公司的利好消息。相比之下，B 信息的披露则相对客观。例如，在市场波动风险的陈述中，整段文字均在阐述公司所处行业的竞争程度、产品特点。再比如技术和行业风险方面，C 科技公司整段文字中用了大部分篇幅陈述公司拥有的技术、获取的专利数量和著作权，受到国家和行业客户的肯定，同样是最后一句话带过风险，并不能揭示公司本质的技术风险。反观 B 信息，分别针对技术创新和核心技术人员流失、技术泄露的风险进行阐述，并没有在描述中提及公司已经获得的成就，基本是针对风险讨论风险，更加具有针对性。

3.3.3.3 新股发行审核反馈意见比较

注册制改革的核心在于理顺市场和政府的关系，既能较好地解决发行人与投资者信息不对称的问题，又可以合理地运用政府行政权力，避免过度监管，阻碍市场机制的顺畅运行。但市场中对中国实施的注册制仍然存在一些理解不足之处，片面地认为注册制就是政府放开证券发行，只需要简单进行证券的登记备案，但事实并不是这样。注册制对于股票的发行依然要进行严格的审核，只是审核的理念、重点发生了重大转变。本章将通过对比监管机构的发行审核意见反馈观察核准制与注册制下监管理念是否发生变化、发生了哪些变化。

（1）注册制下审核细致程度显著加强。

从审核意见的数量看，C 科技仅经历了一轮意见反馈，证监会提出的问题数量是 32 个，而 B 信息在上海证券交易所审核阶段经历了 3 轮，首轮问询函包含的问题有 46 个，后续还有证监会在注册环节的审核。多轮问答和审核使得监管层对公司信息披露的审核更加细致和严厉。

从审核细致程度看，过去监管层对于 IPO 公司招股说明书中引用的第三方数据不会进行深入质疑，而在 B 信息的第一轮反馈意见中，上海证券交易所还提出"请发行人根据《准则》第十一条第（二）项的规定修改对第三方数据的引用，确保有权威、客观、独立的依据并符合时效性要求，并对第三方的基本情况作简要介绍"。并要求保荐机构及发行人律师核查引用数据的真实性，这不仅体现了监管层对于公司自身相关经营与业务数据真实性的要求，还进一步拓展到 IPO 公司所引用的第三方数据的真实性，从而更有利于确保信息披露的真实性。

（2）注册制下充分性要求显著加强。

对于核心技术，上海证券交易所接连针对核心技术人员、核心技术水平、核心技术产品的市场地位进行了追问，要求 B 信息补充披露部分项目主导人员未作为核心技术人员的原因、相关项目对公司生产经营的实际作用及影响、公司核心技术所处领域的最高技术水平、公司所拥有的技术与最高技术的差距、公司采取了哪些措施缩小差距、公司核心技术产品的生产数量和销售数量、市场占有率等详细信息。反观证监会对于 C 科技公司的审核反馈意见，针对技术部分，重点关注的是技术来源、形成过程和合法合规性，以及核心技术是否均为自主研发形成，并没有对技术本身的地位、竞争力、稀缺性等方面进行追问。

关于 IPO 公司报告期内收入，上海证券交易所针对 B 信息的前 5 大客户的销售收入进行追问，要求按照产品类型、服务模式、订单模式、境内外分布分别列示前 5 大客户的名称、销售内容、销售金额及占比，并进一步分析主要客户销售金额变动的原因，并且对于招投标方式获得的订单，进一步追问招投标的政策、时间、具体流程、竞标方等，以及是否依赖母公司获得订单等。这里面一方面是对于公司订单获取流程的合规性考察，更多的是希望能够知晓公司对前 5 大客户的依赖程度，进而判断公司主营业务收入来源的稳定性和可持续经营能力。而证监会对于 C 科技公司的业务收入，更多的是追问业务承接的合规性，对于公司的客户结构、收入结构及其变动原因并没有进行追问。

从监管层对核心技术、营业收入等方面的审核反馈意见看，注册制下，监管层对于 IPO 公司相关信息披露的要求不仅仅停留在数据表面，而是要求更加深入地挖掘数据内部的结构、变化及其原因，从而能够为投资者更好地判断公司价值提供更加充分翔实的信息。

(3) 注册制下监管层开始关注未来信息。

注册制下，监管层的监管重点不仅仅局限于关注公司对于报告期内财务状况、经营成果、现金流量等信息披露的真实性、准确性和全面性的问题，而是开始逐步将可能对公司未来价值产生重要影响的因素纳入监管范围和信息披露要求。例如，针对 B 信息销售收入增长部分的审核意见，上海证券交易所不仅仅要求公司分析其销售收入变动的合理性，还要求公司结合当年及未来下游领域投资建设的变动趋势、投资增速等分析对公司未来营业收入的影响程度，并且要求公司结合目前及未来实施的订单情况，分析公司报账主要区域收入稳定性和持续性，且提出措施、开发新区域的具体规划以及目前的实施效果。对比之下，证监会更关注友讯达报告期内的经营成果及波动情况。

（4）监管层显著加强了信息披露可读性的审核。

监管层加强了对于招股说明书中较为模糊、主观描述的审核，力求提高发行人招股说明书的客观性、准确性和可理解性。例如，在上海证券交易所针对B信息的第一轮审核意见反馈中，提出招股说明书中多处出现"市场占有率连续数年稳居行业前列""名列前茅""第一梯队企业"等表述。对B信息提出以下要求：（1）补充说明上述表述是否存在相关客观数据支持，具体分析表述依据及准确性；（2）对招股说明书全文进行校对，使用事实描述性语言，不得使用市场推广的宣传用语；（3）披露内容应当清晰、明确、客观，对于无数据支持、明显夸大等不当表述进行更正。类似的问题在友讯达的审核反馈意见中并未见到，但事实上，C科技的招股说明书中也不乏"名列前茅""市场地位较高"等主观模糊表述。

3.3.3.4 小结

回顾本节案例中的C科技公司和B信息公司的招股说明书对比以及监管层针对信息披露的审核反馈意见，我们可以清晰地看到注册制较之核准制下，监管层对于信息披露监管视角、重点的转变，也能够直观地感受到"新三性"并不是对"老三性"的否定，而是在"老三性"基础上的进一步发展。事实上，"新三性"更多体现了一种过程控制理念，目的是能够达到信息披露的"老三性"要求。在新股发行上市审核的全过程中，监管层尝试从投资者需求的立场出发，围绕信息披露这一核心要素，以"新三性"为评价标准，对发行人展开有针对性的审核问询，最终希望能够切实提高信息披露质量，以便于投资者在信息充分的情况下作出投资决策，最终有效提升资本市场的资源配置效率。

3.4 中国内地与中国香港注册制信息披露比较研究

中国香港是亚洲的金融中心，其资本市场拥有超过100年的发展历史，其改革的经验对我国后续资本市场的改革具有重要的借鉴意义。2014 年和 2016 年，"沪港通"和"深港通"相继启动，这搭建了中国内地和中国香港证券市场不断交流、相互学习的良好平台。中国证监会要求内地股票发行制度与香港接轨，借鉴香港成熟资本市场的经验，从而促进我国市场化改革的深化与完善。尽管中国内地资本市场的注册制与中国香港市场的注册制在监管架构、理念等方面具有诸多相似之处，但由于内地政治体制、经济制度以及股票市场成熟程度仍然与中国香港存在较大差异，相关经验无法简单照搬。因此，有必要在详细对比二者制度本身以及执行效果的基础上取长补短，为中国内地注册制的不断优化提供借鉴和启发。

3.4.1 中国香港证券市场概述

3.4.1.1 香港证券市场监管体系构成

1988 年，香港政府发布了《戴维森报告》[①]，根据《戴维森报告》的基本思想和框架设计，香港证券市场监管体系分为三个层次。如图 3-5 所示，第一层是香港政府，香港政府在整个监管体系中位于最高层次，更多的是宏观指导，只有备用权力而没有直接干预的权力，仅在紧急情况出现时才有权干预市场，因此也是距离一线市场最远的监管者。第二层是香港证监会，香港证监会的职责包括三个层面：第一，证监会有权依法对企业的违规行为进行调查和处罚；第二，证监会负责对香港联交所的日常监管行为进行再监督；第三，对公司的上市申请履行形式审核和注册的权力，证监会对于公司上市拥有一票否决权。相比于香港政府，香港证监会在香港证券监管体系中的地位相对靠前，但仍然在香港联交所之后。第三层是香港联合交易所，香港联合交易所直面一线证券市场，承担着香港证券发行上市过程和上市后日常监管的直接责任，位于整个监管体系的最前端，负责维护香港证券市场的正常有序运转。

---

① 《戴维森报告》是由戴维森（Ian Hay Davison）为主席的 6 人证券业检讨委员会，对港股市场 1987 年股灾进行反思，研究如何改善香港的金融监管架构及机制，以避免证券市场重现混乱。1988 年 5 月 27 日，证券业检讨委员会向香港政府提交了《香港证券业的运作与监察》报告书，即《戴维森报告》。

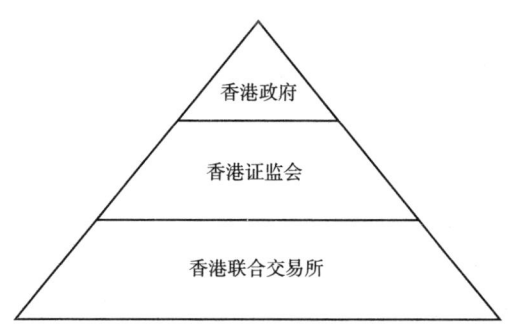

图 3-5 香港证券市场监管体系结构

3.4.1.2 新股发行上市制度

香港市场发行上市制度的核心是"双重存档制"。该制度的核心设计是发行人需要根据《证券及期货条例》及其配套规则的相关规定，除了向香港联合交易所递交上市申请材料，还需要在递交材料后的1个营业日内，向香港证监会提交同样材料的副本进行存档。如果证监会审核后发现IPO公司所保送的申报材料存在虚假记载或者误导性陈述，有权否决该笔上市申请。联交所涉及上市事宜的职能具体由联交所上市部及上市委员会执行，联交所需要为上市申请人以及上市发行人制定上市规则，并公正地执行相关上市规则。所有对上市规则所做的修订以及设计强制执行或适用范围较大的监管决定，均须获证监会批准。

3.4.1.3 发行上市信息披露要求

香港市场IPO的信息披露要求主要体现在联交所发布的主板市场的《香港联合交易所有限公司证券上市规则》（以下简称《证券上市规则》）和GEM（Growth Enterprises Market，创业板市场）的《香港联合交易所有限公司GEM证券上市规则》（以下简称《GEM上市规则》）及其相关配套指引中。根据《证券上市规则》第11章《股本证券——上市文件》规定，IPO公司需要填报A1申请表格从而满足在香港主板公开发行股票的信息披露要求，主要包括了发行人及中介的基本信息、发行概况、集团一般资料、财务资料及前景、管理层用途、物业权益、重大合约等信息。此外，如果需要在GEM上市，还需要满足GEM板块的特别要求，主要是针对初创企业模式不稳定性、股权结构复杂性等情况进行额外披露，从而便于投资者判断公司未来的持续发展能力。

3.4.1.4 香港市场上市信息披露责任

（1）发行人责任。

IPO公司招股说明书是公司证券发行上市的核心文件，因此发行人是招股说明书的第一责任人，根据《公司条例》规定，发行人董事及高级管理人员对招股说明书负有法律责任，当投资者因招股说明书的不实陈述而遭受投资损失时，董事及高级管理人员有义务进行赔偿，并可处以70万港元及判处3年监禁（公诉程序），或处以15万港元的罚金和12个月监禁（简易程序）。

（2）市场中介机构责任。

根据《证券及期货事务监察委员会持牌人或注册人操守准则》[①]，保荐人需要同时对香港联交所和市场投资人负责，主要责任是保证IPO公司的发行材料符合上市规则以及其他相关法律法规以及解释文件的要求；努力促使发行人所披露的相关信息能够尽量满足投资者做出投资决策的需要。根据香港对保荐机构的调查手册[②]，中介机构在证券市场与保荐过程中明令禁止的行为包括：一是不得在尽职调查不充分的情况下盲目保荐；二是不得故意向香港联交所披露存在问题的信息；三是不得随意保存尽职调查文件；四是保荐机构自身不得存在明显的内部控制缺陷。如果违反了上述义务，《证券及期货条例》第一百九十四条规定，根据案件性质的严重程度，中介机构可能面临暂停执业资格、撤销执业资格、私下/公开谴责，最高处以1000万港元或者违法所得3倍的罚款。

3.4.2 中国内地与中国香港注册制信息披露对比

3.4.2.1 信息披露法律体系比较

表3-3展示了中国内地资本市场与中国香港资本市场信息披露法律体系的基本架构，其中法律是立法机关依据法定程序为证券市场建立的基本

---

① 《Code of Conduct for Persons Licensed by or Registered with the Securities and Futures Commission》

② 《Report on the Thematic Review of Licensed Corporations Engaged in Sponsor Business》

法律,效力低于宪法;行政法规是国务院根据宪法和法律,按照法定程序制定的有关在证券市场领域行使行政权力,履行行政职责的规范性文件的总称,效力次于法律。部门规章是国务院所属的各部、委员会根据法律和行政法规制定的用于指导证券市场日常运行的相关规范性文件,效力又低于行政法规。证券行业自律性文件是交易所依据法律、行政法规和部门规章,结合行业特点制定的规范性文件。

表 3-3　　　　　　　　　　法律体系构成比较①

层次	中国内地	中国香港
法律	《证券法》《公司法》《刑法》	《公司条例》《证券及期货条例》
行政法规	《股票发行与交易管理暂行条例》 《国务院证券委员会关于禁止证券欺诈行为暂行办法》等	—
部门规章	《首次公开发行股票并上市管理办法》 《公开发行证券的公司信息披露的内容与格式准则》（1—42号） 《科创板首次公开发行股票注册管理办法（试行）》 《科创板上市公司持续监管办法（试行）》等	《企业管制和常规守则》
自律性文件	《上海证券交易所上市规则》 《上市公司信息披露实务管理制度指引》 《上海证券交易所科创板股票发行上市审核规则》	《香港联合交易所有限公司证券上市规则》 其他指导性文件

（1）信息披露法律体系结构比较。

从法律体系层级看,中国内地资本市场自1991年建立以来,经过二十多年的发展,各项法律法规和基础制度建设不断完善,目前已经基本形成以法律、行政法规、部门规章、自律性文件为主要内容的四级证券市场法律监管体系。香港资本市场形成了三级证券市场法律监管体系。

从法律法规数量看,中国内地的证券法律法规数量明显多于中国香港,内容上涵盖了上市总体原则、各项信息披露内容与格式、上市后持续监管

---

① 此表为作者搜集相关法律法规整理所得。

等方面，且内容规定较为详细，细节更加深入、明确。这体现了我国在资本市场发展初期，在政府主导下的改革中仍然对资本市场持有谨慎的基本态度。

从法律法规的主体作用看，中国内地资本市场起主导作用的是由中国证监会牵头制定的各项证券市场部门规章，这些部门规章详细规定了IPO公司在上市时需要遵循的基本规范和强制披露的内容，相比之下，中国香港法律体系中起主导作用的是由香港联合交易所制定的《香港联合交易所有限公司证券上市规则》（以下简称《香港上市规则》）及不断更新的指导性文件。因此，《香港上市规则》实际发挥了中国证监会部门规章的作用，中国内地上海证券交易所制定的上市规则的法律地位及效力显然低于《香港上市规则》。

（2）欺诈发行法律责任及处罚规定比较。

信息披露法律责任部分，从表3-4中相关主体所面临的法律责任对比，我们可以看出，无论是中国内地还是香港市场，违法的发行主体及相关责任人均将直接面临刑事处罚、证监会的行政处罚（包括罚款、市场禁入与撤销从业资格等）以及民事诉讼的赔偿要求（须以法院判决与行政处罚为依据）。但中国内地会禁止IPO公司5年内无法提交上市申请，而香港却没有类似的处罚规定。对于中介机构而言，中国内地的处罚力度也明显高于中国香港。这一点尤其体现在罚款金额上，中国内地在没收业务收入的基础上还要处以业务收入1—10倍的罚款，而中国香港则是处以最高1000万港元或违法所得3倍的处罚。

表3-4　　　　中国内地和中国香港欺诈发行法律责任[①]

层次	中国内地	中国香港
法律	《证券法》《公司法》《刑法》	《公司条例》《证券及期货条例》
行政法规	《股票发行与交易管理暂行条例》《国务院证券委员会关于禁止证券欺诈行为暂行办法》等	—

[①] 此表由作者根据相关法律法规整理所得。

续表

层次	中国内地	中国香港
部门规章	《首次公开发行股票并上市管理办法》 《公开发行证券的公司信息披露的内容与格式准则》（1—42号） 《科创板首次公开发行股票注册管理办法（试行）》 《科创板上市公司持续监管办法（试行）》等	《企业管制和常规守则》
自律性文件	《上海证券交易所上市规则》 《上市公司信息披露实务管理制度指引》 《上海证券交易所科创板股票发行上市审核规则》	《香港联合交易所有限公司证券上市规则》 其他指导性文件

3.4.2.2 信息披露监管体制比较

（1）监督职责对比。

表3-5展示了中国内地和中国香港资本市场在新股发行环节的监管体制对比情况。

表3-5　　　　注册制下信息披露监管体制比较表①

	中国内地	中国香港
监管主体	中国证监会、上海证券交易所	香港证监会、香港联合交易所
监管职责分工	上海证券交易所行使审核权 中国证监会行使注册权	双重存档，香港联合交易所行使审核权，香港证监会行使审核权，并保留否决权

中国内地和中国香港的监管主体均为两个层次，即证监会和证券交易所。从监管职责分工看，中国内地新股发行上市阶段由上海证券交易所履行发行前审核职能，坚持以信息披露为中心，通过审核发行上市申请文件，敦促发行人及其保荐人、证券服务机构真实、准确、完整地披露与公司价值相关的重要信息。交易所遵循信息披露质量的基本原则，对上市公司的申报材料进行多轮审核和问询。在经过上海证券交易所审核后，相关材料会递交中国证监会履行注册程序。中国证监会在发行注册阶段，主要审核活动围绕已经经交易所审核的内容展开，关注是否有重要遗漏，审核的程

---

① 此表由作者根据相关法律法规整理所得。

序是否合规,发行人的各方面条件和所披露的信息是否有重大缺陷,证监会可以行使否决权。

中国香港方面,根据双重存档制,以香港联交所为主导,由香港联交所具体负责新股的审核。联交所上市部对申请材料中存在的问题进行审核,评估公司是否符合上市资格、持续经营能力如何、信息披露是否充分,并将审核意见返回给IPO公司及相关保荐机构进行补充或解释说明。同时,根据双重存档制的安排,上市部会将相关申请材料的副本上交给香港证监会,香港证监会将对材料进行审核,如果认为发行材料中存在虚假记载或者误导性陈述,有权否决该上市申请。在上市部审核完毕后,联交所的上市委员会进行上市聆讯,确定申请人是否适合首次公开发行股票。在经过上市委员会的上市聆讯后,履行发行上市程序。

因此,从发行上市环节的职责履行看,与权力分配重心相一致,中国内地的科创板上市发行审核具体由上海证券交易所负责,但必须经过中国证监会进行发行注册,中国证监会对于新股发行相关材料的监督是主动监督。香港市场的审核由香港联交所主导,虽然香港证监会保留了一票否决权,但其对于新股发行资料的监督处于一种被动监督状态。

(2)监督执法权力比较。

中国内地与中国香港证监会在授权及执法独立性方面存在明显差异。表3-6展示了中国内地和中国香港监督执法权力的内容对比。从权力内容看,中国内地与中国香港存在一定重叠,但又有所不同。相同的是,法律均赋予了证监会调查、取证以及对违法机构或个人的罚款、暂停执业等权力,不同的是,香港证监会拥有起诉权,以及发出清盘令、破产令和强制令的权力,这使得香港证监会在市场出现重大欺诈或其他违规事件的紧急情况下,能够通过民事或者行政渠道,在较短时间内追回投资者资金,起到更好的投资者保护的效果。实践中,中国内地的常规做法是遵循"先刑后民"的追责路径,主要原因是中国证监会并没有代表市场投资者利益向法院提起赔偿请求的诉讼权利,只能通过行政处罚的方式对违法主体进行惩戒,而在案件中遭受损失的投资者只能自行向法院提起民事诉讼请求赔偿。

在欺诈发行案件中,利益损失最严重的一方往往是证券市场的中小投资者,由于民事赔偿的程序更简单便捷,见效更快,因此,在欺诈发行案件爆发之后,民事赔偿程序比刑事处罚以及行政处罚程序更为重要。由于法律体系与规则的不同,中国证监会难以借鉴香港证监会的做法,通过诉辩交易以民事程序要求欺诈发行主体回购股票甚至退市。当前,中国证监会所能做出的行政处罚和刑事追责起到的更多的作用是警示其他公司。因此,出于不断完善中小投资者利益保护机制的目的,监管者应当聚焦于如何建立和完善更加便捷高效的证券欺诈民事赔偿制度,在短时间内使得投资者能够获得合理合法的补偿,平复市场投资者情绪,增强投资者的市场信心。

表 3-6 中国内地和中国香港监督执法权力对比表①

执法机构	中国内地	中国香港
证监会	材料报送、扣押、查询、复制权 冻结查封权 限制出境措施 警告、罚款、没收违法所得 暂扣或吊销执业资格	调查、罚款、没收违法所得 暂扣或吊销执业资格 起诉权 发出清盘令、破产令 强制令

(3)社会及市场监督机制比较。

证券市场中,非正式机构以及治理机制往往能够对以政府为主导的正式监管体制形成有效补充。香港证券市场经过长达 100 多年的发展,开放程度较高,接受来自全球各地的公司发行上市,也有全球各地的投资者活跃在证券市场中,无论是机构投资者种类、数量及成熟程度、分析师团队、专业财经媒体都明显领先于中国内地。这些市场外部监督机制对香港证券市场的上市公司形成了一股无形而有力的监督力量,对香港联交所和香港证监会的正式监督机制是一种有力的支持和补充。中国内地资本市场经历了将近 30 年的发展,尽管各项改革措施加速推出,改革力度不断加大,但任何一种市场从产生到成熟都需要经过时间的积淀和磨合,当下中国内地的证券市场长期偏重于行政主导,对于发行上市等环节的违法违规行为的遏制也主要依赖于行政和刑事的处罚,尽管本次注册制改革标志着我国证券市场向市场化改革的方向迈出了一大步,但短期内无法迅速改变这一格

---

① 此表由作者根据相关法律法规整理所得。

局。因此，相较于香港证券市场的社会及市场监督而言，中国内地的非正式监督力量仍然有待培育和加强。

3.4.3　信息披露制度实践对比——案例分析

招股说明书是IPO公司信息披露特点的直观体现，也是监管层监管重点的直接体现。本书将通过对比A股注册制下上市公司的招股说明书和港股注册制下上市公司的招股章程，对两地证券市场信息披露实践效果进行对比分析。为了获得更加干净的实验环境，本章选取同时在中国香港创业板和A股科创板上市的公司D生物股份有限公司为例，详细对比中国内地注册制下的招股说明书信息披露要求与中国香港招股说明书的信息披露要求，具体探究中国内地注册制信息披露与中国香港注册制信息披露要求的异同。

3.4.3.1　公司基本情况介绍

D生物公司成立于2007年，分别于2015年和2019年在中国香港创业板和中国内地科创板上市，其主要业务是为市场提供生物医用材料，重点产品包含了医用透明质酸钠/玻璃酸钠和医用几丁糖为代表的可吸收生物医用材料，逐步在眼科、美容、骨科、防粘连及止血领域获得相对竞争优势。

3.4.3.2　招股说明书对比

（1）总体内容与结构。

中国内地科创板和中国香港市场均以"重要性"为信息披露标准，从信息披露内容篇幅看，港股的招股章程相较于科创板的招股说明书篇幅明显较小。香港联交所一直以来强调招股章程的简洁和精炼性，目的是剔除冗余信息，突出与IPO公司价值最直接相关且重要的信息，降低投资者的阅读成本和信息获取成本，提升信息披露透明度。为了进一步提升招股章程所承载信息的针对性和相关性，港交所进一步发布了简化上市申请文件的相关指引，该指引规定"历史及发展"和"适用法律及法规"部分内容不得超过20页，"概要"和"行业概览"部分内容不得超过10页，如果招股章程中对应章节的部分超过香港联交所规定的上限，则香港联交所有权暂停审核工作，IPO公司必须重新编制招股章程直至符合指引要求才能恢复上市审理工作。

从各项内容分布看，二者两地的招股说明书所涵盖的内容基本类似。表3-7整理了D生物科创板招股说明书与港股招股章程的基本结构及对应关系。对比可以发现，中国内地与中国香港监管层对IPO公司关注的重点基本一致，披露内容的重心基本集中在发行人基本情况、业务与技术、公司治理与独立性、财务会计信息、风险信息等。但中国内地将投资者保护的条款作为一个单独的章节列示，香港的招股章程中没有相关章节。为了进一步分析两地招股说明书的差异，本章接下来将从以上重点章节进行对比分析。

表3-7　D生物科创板与港股招股说明书对应关系①

A股招股说明书			港股招股章程		
内容	页数	占比	内容	页数	占比
释义	4	0.67%	释义、技术词汇	13	6.13%
概览	7	1.18%	概要	11	5.19%
本次发行情况	8	1.34%	预期时间表、参与发行的各方	5	2.35%
风险因素	12	2.02%	风险因素	21	9.86%
发行人基本情况	109	18.32%	公司资料、历史及发展、主要股东、股本、董事监事及高级管理者、董事	49	23.00%
业务与技术	198	33.28%	业务、行业概览	54	25.35%
公司治理与独立性	27	4.54%	与控股股东的关系、关联交易	24	11.27%
财务会计信息与管理层分析	182	30.59%	财务资料	33	15.49%
募集资金运用及未来规划	8	1.34%	未来计划及所得款项用途	2	0.94%
投资者保护	22	3.70%			
其他	18	3.03%			
合计	595			212	

① 此表由作者根据D生物公司招股说明书和招股章程内容整理所得。

(2) 信息披露相关性。

首先，对比两地的财务会计及管理层分析与讨论部分，港股招股章程中关键信息更加突出。港股的招股章程首先对公司的财务状况、经营成果进行概括性总结，并明确提示经营业绩的关键影响因素所在，随后再进行利润表等其他财务信息的报告与讨论。这样开门见山式的内容安排，可以使投资者一开始就能抓住财务信息部分的核心内容，锁定其最需要关注的部分，并带着疑问和思考阅读后续的详细信息，更有利于投资者理解和掌握本章节的核心内容。A 股的招股说明书在本节依次展示合并层面和母公司层面的资产负债表、利润表、现金流量表、重要性判断标准、注册会计师审计意见等财务信息与财务指标的列示与讨论，在所有财务数据列示完毕后才开始逐一进行分析与讨论，这会容易导致投资者在阅读时无法锁定重点，淹没在大量数字的信息海洋中，不利于对部分内容的理解。

其次，对比两地的业务与技术部分，港股招股章程中关键信息更加突出。港股招股章程开篇开门见山地对本公司核心业务进行了有重点的总结和介绍，并采用定性和定量相结合的方式直接突出强调了本公司的竞争优势，随后详细阐述了公司在当下和未来的竞争战略，表达紧扣主题，内容具体而不空泛，可操作性强。在介绍完以上三个部分之后，才开始介绍本公司产品的具体情况、所拥有的技术能力等具体方面。这样的谋篇布局能够让投资者在阅读初始就抓住公司的关键信息，了解公司的业务主线和核心竞争优势所在，知晓公司正在采取以及即将采取的战略行动，同时可以引发投资者的思考，让投资者带着疑问和目标去阅读随后的详细信息，提高阅读的效率。

A 股招股说明书在业务和技术部分的安排更加中规中矩，严格按照监管层出台的信息披露准则的具体要求，对公司业务和核心技术进行了非常全面而详细的介绍，但从谋篇布局看，重点不突出，投资者需要花较多的时间对信息进行再次提炼和加工。例如，对于生物医药公司来说，与公司价值最相关的就是产品研发创新能力，港股招股章程在开篇部分就进行了有重点的阐述，而 A 股的招股说明书直到最后部分才详细介绍了公司的核心技术、研发进展、技术团队等信息。这样的章节安排使得公司不能很好地突出业务和技术的优势，投资者也不容易抓住本章的重点，降低了阅读效率。

(3) 信息披露充分性。

从对关键指标分析的深刻程度看，A股招股说明书所披露的信息比港股招股章程更加详细具体，有利于投资者全方面、多维度地了解公司的信息，并进行多维度的交叉验证，从而更加准确地对公司价值进行研究和判断。

首先，对比财务会计信息与管理层分析讨论部分。一方面，A股招股说明书对于财务指标及其相关分析都更加详细。例如对于公司报告期内经营成果的分析，科创板的招股说明书对于关键指标进行了"总——分"结构的汇报，港股的招股章程在财务指标及分析部分则相对简单很多，主要从产品类型的角度展示了公司的主营业务收入结构、主营业务成本结构和毛利率，对相关指标的变动原因并没有加以过多的分析。

其次，对比业务和技术部分。A股招股说明书的业务和技术部分长达198页，港股招股章程的业务和技术部分仅54页，从整体内容看，A股招股说明书对于公司业务的信息披露要详细很多。例如在公司经营模式部分，A股招股说明书详细介绍了公司的盈利模式、采购模式、生产模式、销售模式等，投资者能够充分透彻地了解公司的盈利来源以及未来的可成长空间，判断公司所可能面临的经营风险。相比之下，港股的招股章程对于公司业务情况的介绍就要简单很多，主要介绍了产品的收入占比，产品功能和市场认可情况，并没有作进一步拓展。此外，在行业竞争力方面，A股招股说明书都进行了深入阐述，内容翔实，分析透彻，而港股的招股章程则更加简短，且定性的内容居多，并没有列举充分的数据进行辅助说明和佐证。

最后，对比风险因素方面，港股的招股章程风险披露相对全面和细致。从风险信息数量看，D生物在A股发布的招股说明书共涵盖了7类风险共计28条，在港股发布的招股章程共涵盖13类风险共计40条。从风险数量看，港股的招股章程中的风险因素覆盖范围明显较广，条目数量也明显较多。从具体内容看，港股的招股章程披露的实质性风险多，而A股公司披露的风险相关性不够。D生物港股的招股章程的风险更加与公司业务直接相关，对公司未来的发展至关重要，可以让投资者清晰地看到公司当下和未来可能遭遇到的风险，从而做出理性的价值评估和投资选择。而在A股发布的招股说明书中披露的与公司相关的特定风险相对较少。如本章3.3.3中所述，注册制下IPO公司招股说明书的风险披露程度已较核准制下有了显著进步,但相对于港股招股说明书,风险提示的充分性和针对性仍然存在进步的空间。

3.5 本章小结

本次注册制改革是我国资本市场向市场化方向迈入的实质性一步。首先,通过回顾新股发行改革的历程,并依托于委托代理模型的理论分析框架,本书认为注册制改革是调整资本市场信息披露委托代理关系的必由之路,通过改革强化政府监管与市场监督,从而提升IPO公司的信息披露质量,最终实现资本市场资源配置效率的提高。

其次,通过对A股注册制与核准制的对比研究,本章发现:

立法与监管理念方面,第一,注册制改革本质是新股发行权属性的变化,新股发行权由行政许可权变为了特殊的商事权;第二,注册制改革体现了我国信息披露理念为强制信息披露为主,自愿信息披露为辅;第三,本次注册制改革通过立法的方式,构建了我国资本市场多元主体的信息披露法律责任体系。

信息披露制度方面,第一,注册制更加强调投资者导向的信息披露,"新三性"是对"老三性"的发展;第二,具体制度要求上,注册制对于IPO公司重要部分的充分性和逻辑一致性的要求显著提高;第三,发行审核流程从全部由证监会负责转变为证券交易所——证监会两层审核机制,新制度分担了证监会的审核压力,审核效率显著提高。

制度实践方面,对比招股说明书可以看到:第一,内容结构比重发生变化,关于未来发展的信息、风险因素、核心技术、投资者保护相关描述的占比明显增加;第二,重要部分例如业务与技术、重要财务指标等信息披露更加充分翔实;第三,风险信息披露更加具体化,与公司相关的风险信息显著增加。对比监管层的审核反馈意见可以看到:第一,监管层在注册制下审核细致程度显著加强,对IPO公司信息披露的充分性要求更高,体现了"刨根问底"式的监管理念；第二，监管层对公司未来的信息也更加重视；第三，监管层对信息逻辑一致性的要求显著加强；第四，监管层显著加强了信息披露可读性的审核。

最后，通过将A股注册制与港股注册制进行对比研究，本章发现：

法律体系方面，第一，从法律结构看，内地资本市场的法律体系层级更多，覆盖法律到自律性文件，法律数量也更多，规范的内容更加具体详细。第二，从违法成本看，新修订的《证券法》大幅提高了针对欺诈发行等违规行为的处罚力度，比香港的处罚力度更大。

监管体制方面，第一，从发行审核权分配看，香港证券市场的权力重心在香港联交所，侧重于自律管理，中国内地权力重心在中国证监会，是政府主导的监管体制；第二，从监管权力看，中国香港证监会能够采用更加高效的法律救济权利维护投资者权益，而中国证监会的维权途径相对有限；第三，从社会监督力量看，中国香港的社会监督力量更加活跃也更加成熟，中国内地仍然有较大的成长空间。

信息披露实践方面，第一，两地市场的招股说明书内容构成基本相同；第二，相关性方面，中国香港的公司招股说明书关键信息安排在更加突出显眼的位置，逻辑更加清晰，易于提取；第三，充分性方面，中国内地的招股说明书披露更加充分详细，香港市场的公司招股章程的信息相对简单。

第4章 注册制改革与财务信息披露质量

正如第3章所述,注册制改革以信息披露为中心,通过监管重心的变化和强化市场对信息披露的监督机制,加强IPO公司提升信息披露质量的动力。财务信息是影响公司价值最重要的因素之一(Frank et al., 2006),本章将通过大样本实证检验的方式,考察注册制改革是否能够真正推动IPO公司财务信息披露质量的提升。

4.1 引言

在符合完美市场假设的资本市场中,资本流动的基本规律是在高资本回报的项目中不断追加投资,而削减对于低资本回报的投资,从而使得市场达到均衡。但是现实经济活动中存在大量的摩擦,包括了制度因素、市场因素等,这些因素通常导致了市场中的信息不对称和代理问题(Bushman et al., 2001; Stein, 2003),使得市场资源配置效率总是不能达到最大化。在首次公开发行时,IPO公司需要通过披露大量与公司当前经营状况以及未来发展空间相关的信息从而吸引投资者认购其即将发行的股票。但由于发行人天然的信息优势,外部投资者掌握的与公司相关的信息是有限的,并且只能根据这些有限信息进行价值判断,这导致公司与市场投资者之间存在信息不对称(Allen & Faul Haber, 1989),进而导致资本市场资源配置效率的损失。

在公司披露的众多信息中，没有任何数字能够像盈余信息那样吸引投资者的注意力（Frank et al.，2006），随着财务信息质量的提升，公司与投资者之间的代理成本将随之降低，从而提高公司的资源配置效率（Palepu，2001；Biddle et al.，2009）。在 IPO 过程中，会计盈余是反映公司经营的核心指标，会对投资者对 IPO 公司的定价决策产生显著影响（Roosenboom et al.，2003；Willenborg et al.，2015），财务信息披露质量对资本市场的短期定价效率（Boulton et al.，2011；陈共荣和李琳，2006；陈祥有，2009；蔡宁和米建华，2010；黄顺武和胡贵平，2013）和长期投资回报均会产生重要影响（DuCharme et al.，2001；冉茂盛和黄敬昌，2011），因此，较低的财务信息披露质量将加剧公司与投资者之间的信息不对称，从而在短期和长期均对资本市场的资源配置效率造成损失。

核准制下，企业发行上市资格审批权限掌握在政府手中，发行人对监管层负责，发行人集信息披露审核、价值判断等重大责任于一身，这使得投资者、中介机构等市场主体均无须关注信息披露的质量究竟如何，而是以通过监管层审核为目的。这样的制度安排造成了监管层分身乏术，缺乏对 IPO 公司上市前的信息披露进行足够的监管（高惠龙等，2015），信息披露质量较低（Aharony et al.，2000；张宗益等，2003；陈共荣等，2006），不利于资本市场的资源配置效率。本次的注册制改革设定了多元化的上市指标，同时将强调信息披露以投资者为导向，将发行定价权交还给市场主体，并压实中介机构的信息披露审核责任，构建了多元化的信息披露责任主体，有利于强化 IPO 公司上市前的信息披露监管的力度。在全新的制度安排下，财务信息披露作为核心的信息披露组成部分，会受到来自各方的监督。

基于上述分析，本章将按照图 4-1 的基本思路，回答如下问题：注册制改革是否能够提升 IPO 公司的财务信息披露质量？进一步，本次改革的初衷是发挥资本市场对于处于快速发展期的融资需求较高的企业提供资金支持的作用，那么对于不同融资需求的公司，本次改革的成效是否具有差异？此外，公司无时无刻不受内外部治理环境的影响，在中国这样一个新兴资本市场，注册制的改革成效是否会随着内外部治理环境的变化呈现出差异化特征？

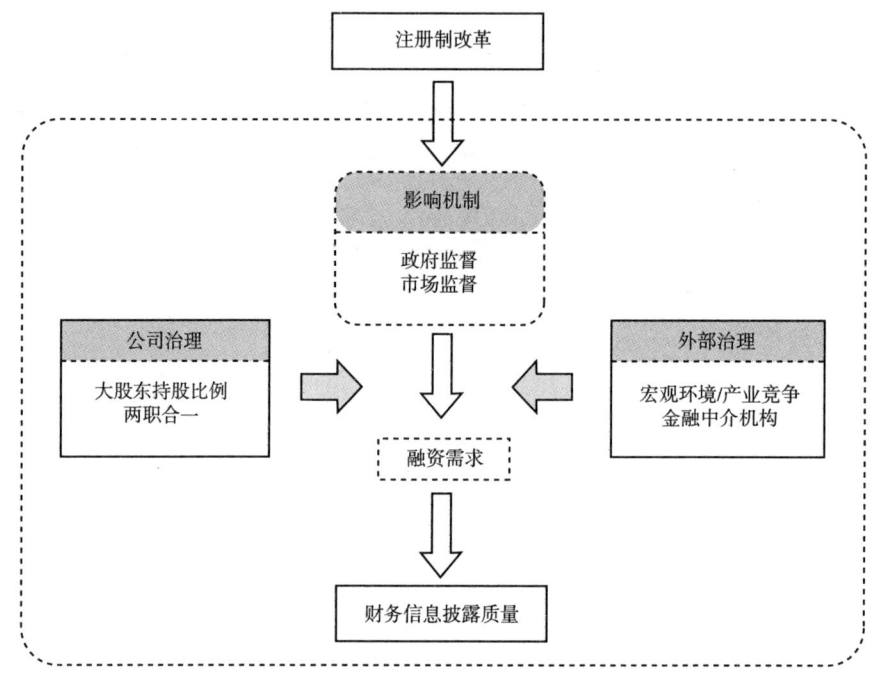

图 4-1 第 4 章研究思路

本章的研究贡献包括以下几个方面：

（1）本章检验了注册制改革与 IPO 公司上市前的财务信息披露质量的关系，揭示了外部监管环境变化对企业信息披露的影响，丰富了企业信息披露的研究。进一步，本书还发现了融资需求更加强烈的公司对本次改革的响应更加积极，证明了本次改革的针对性和有效性。

（2）本章检验了公司治理水平对注册制改革与上市前财务信息披露质量关系的影响，丰富了公司治理对于信息披露影响的相关研究。以往的研究主要关注了公司治理对信息披露质量的直接影响（Fan & Wong, 2002），本章借助于外部监管政策改革这一外生因素的变化，为外部监管对于公司治理的补充效应提供了新的证据。

（3）本章检验了外部治理环境对注册制改革与上市前财务信息披露质量关系的影响，丰富了外部治理环境对于信息披露影响的研究。本章从宏观和行业两个层次的外部治理环境出发，证明了外部治理环境对于政策实施成效的影响。

(4) 本章检验了金融中介机构对注册制改革与上市前财务信息披露质量关系的影响，为新兴资本市场中的券商声誉机制提供了证据，也为私募股权基金的"认证中介理论"（Booth & Smith，1986）提供了来自新兴资本市场的经验证据。

(5) 本章的研究还具有一定的实践意义。本书结果表明，注册制改革有效提升了上市前的财务信息披露质量，但是对于不同的企业，改革成效有所差异，本书的研究结果有助于监管层采用更有针对性优化对相关信息披露主体的监管，推动新股发行制度的不断完善。

4.2 理论分析与研究假设

4.2.1 注册制改革与上市前财务信息披露质量

证券市场信息具有与公共产品高度相似的特性。政府规制理论认为，会计信息是证券市场信息中最重要的信息之一，在市场存在失灵可能性的情况下（葛家澍和黄世忠，2002），政府应当对相关市场主体进行管制，从而改善市场的信息供给（Watts & Zimmerman，1986），最终优化资本市场的资源配置效率。

在资本市场信息披露模型中，投资人扮演委托人的角色，是信息使用者；上市公司扮演代理人的角色，是信息提供者；政府以及中介机构既是信息的使用者，也扮演着监督者的角色。委托人方面，投资者迫切需求真实、完整、准确的信息从而作出理性投资决策；代理人方面，上市公司的信息披露行为主要取决于其收益与成本的配比情况。当上市公司通过操纵信息披露在证券市场获取的超额收益超过其监管成本时，则上市公司缺乏提升信息披露质量的动力，甚至产生舞弊或欺诈的动机（黎文靖，2007）。监督者方面，与一般中介机构相比，政府具有独特的优势（Stiglitz，1993）：第一，政府是面向社会公众的组织；第二，政府拥有独特的行政强制力作为其意志得以实施的后盾。因此，政府为了履行其公共管理职能，可以依托自身强制力，通过法律、法规等制度安排，与上市公司之间形成一种公共契约，改变其预期收益与成本，从而调整其在信息披露中的机会主义行为。

在新股发行市场，由于发行人与投资者之间存在信息不对称，财务信息是投资者分析投资价值最重要的参考依据（Frank et al.，2006），会对投资者对于IPO公司的定价决策产生显著影响（Roosenboom et al.，2003）。

在核准制下，关于新股发行审核的权力与责任集于证监会一身，证监会在受到人力、物力和时间等资源约束的条件下，很难有效对IPO公司的财务信息进行充分的审核，与此同时，核准制造成的上市公司股票"供小于求"、"买到即赚到"的现象导致投资者并不关注信息披露质量（黎文靖，2007），而是热衷于打新股。更进一步的是，中小股东的"搭便车"现象更加抑制了外部投资者对企业信息披露行为的监督（方军雄和向晓曦，2009），法律法规不健全也使得违法成本较低，通过违法获得的收益远远高于违法被查处后所付出的成本。这些因素共同使得IPO公司的财务信息披露质量较低（黄顺武和胡贵平，2013；Yu et al.，2006；Haw et al.，2001；祁怀锦和黄有为，2014；蔡春等，2013），加剧了我国资本市场的信息不对称，导致资本市场的资源配置效率低下。

本次注册制改革中，首先，监管层将信息披露的审核权力下放交易所，并在原有的真实性、准确性、完整性的信息披露理念上进一步提出了充分性、一致性和可理解性的信息披露要求，并在审核中采用刨根问底式的审核态度，显著增强了对于上市前的信息披露的监管。其次，作为注册制的配套保障，监管机构事中、事后监管力度会进一步加强，新证券法大幅提升了上市前信息披露违法的违法成本，市场中介机构包括证券承销商、会计师事务所等，基于上市后法律诉讼风险等因素的考虑，也可能会对引起显著经济后果的发行前财务信息披露质量进行严格的监督（Ball & Shivakumar，2008；Armstrong et al.，2008）。再次，发行定价权交还给市场主体使得投资者开始关注发行人的信息披露质量，有利于培育市场力量对于信息披露质量的监督。这三方面的制度革新使得证监会从原有的困境中解放出来，有更多的资源和精力对各市场主体的行为进行监督。

从契约的角度看，一项监管措施改革能否改变契约执行过程中代理人的预期行为是衡量该监管措施是否有效的标准。根据上文分析，代理人的预期行为与其自身行为所带来的成本收益密切相关。纵观注册制关于 IPO 公司上市前的信息披露相关制度设计，我们可以看出，注册制改革提升了 IPO 公司加强财务信息披露行为的预期收益，加大了其预期成本，即显著改变了 IPO 公司财务信息披露质量的预期收益与成本配比情况。因此，我们推测，本次注册制改革会显著提升 IPO 公司上市前的财务信息披露质量。

基于以上分析，本书提出如下假设：

假设 4-1：注册制改革显著提升了 IPO 公司上市前的财务信息披露质量。

4.2.2　融资需求、注册制改革与上市前财务信息披露质量

信号传递理论认为，公司向市场披露高质量的信息有助于降低投资者获取和处理信息的成本，因此，相比于披露低质量信息的公司而言，投资者更愿意信赖披露高质量信息的公司，也更可能为他们提供融资支持（Myers & Majlaf, 1984; Watts & Zimmerman, 1986）。大量研究同样证明了，信息披露可以通过降低信息不对称程度来影响股票流动性（Pagano & Ailsa, 1996; Diamond & Verrecchia, 2000）、波动性（Bushee & Noe, 2000）以及预期风险（Clarkson & Thompson, 1996），进而降低融资成本（Barry & Brown, 1985; 曾颖和陆正飞，2006）。此外，结合代理理论，信息不对称的存在将会产生监督成本，高质量的信息披露也可以有效降低股东的监督成本（Jensen & Meckling, 1976），有效抑制管理层谋取私利的机会主义行为，进而缓解融资约束（Lafond & Watts, 2008）。由此可见，对于融资需求旺盛的公司而言，更有可能通过高质量的信息披露争取融资机会并降低融资成本。

根据利益相关者理论，与包括国家、社会公众、市场投资者在内的各方利益相关者保持良好的关系，是一个企业实现长远发展的重要保障（张正勇和濮飞燕，2017）。注册制改革以信息披露为核心，政府转变过去的

行政主导思路，调整与市场的关系，充分发挥市场机制在资源配置中的决定性作用：一方面，政府强化投资者导向的信息披露原则，将发行定价权交还给市场投资者，经过监管层审核之后，IPO公司的能否成功发行、定价如何由市场投资者的报价决定，强化了资本市场的竞争性，融资需求强烈的公司会更加重视资本市场改革带来的上市融资的机会，通过高质量的信息披露，维护国家、公众和投资者等利益相关者的关系，营造良好的市场形象，争取通过公开发行股票的方式融资，为后续的发展获得更加充足的资金；另一方面，政府加强了上市前的信息披露质量的监管力度，并大幅提高了信息披露违法成本，在其他条件相同的情况下，融资需求更加迫切的公司更不愿意承担信息披露造假而产生的高额违法成本，会有更加强烈的动机配合本次注册制改革对于信息披露质量的要求，从而规避监管风险。

本次注册制改革最重要的目的就是扩大直接融资渠道，发挥资本市场对于实体经济的支持作用，通过市场机制的调节作用，使得资金进入最具融资需求、最具发展潜力的企业。融资需求较为迫切的公司也有足够强烈的动机向市场披露高质量的信息以获得资本青睐，降低融资成本的同时规避法律与监管风险。

基于以上分析，我们提出如下假设：

假设4-2：注册制改革对于IPO公司财务信息披露质量的提升作用在融资需求更高的公司更加显著。

4.3 研究设计与数据来源

4.3.1 基本研究思路

本章的研究对象是注册制改革在IPO公司上市前财务信息披露质量方面的成效。为此，本章选取2019—2020年科创板注册制下的IPO公司为实验组。对照组的选取方面,根据中国证监会在 2009 年 6 月发布的《新股发行体制改革的意见》,创业板的功能定位与科创板类似,也是支持从事高科技业务,具有高成长性、高风险性,成立时间较短、规模较小、业绩不突出的公司,而且上市要求相对宽松,为了剔除公司本身特征差异过大对财务信息披露质量带来的影响,本章选取 2009—2020 年创业板核准制下的 IPO 公司为对照组,通过对比研究,检验注册制改革在 IPO 公司上市前财务信息披露质量方面取得的成效。

4.3.2 数据来源及处理

本章研究内容中所使用的财务、公司治理等数据来源于 CSMAR 数据库与 Wind 数据库。在获取初始样本数据后,本章按照如下程序对样本公司数据进行进一步筛选:(1)剔除所有金融类上市公司样本;(2)剔除变量缺失的样本;(3)剔除 ST、*ST[①] 的公司;(4)剔除招股说明书总字数小于 10000 字的样本,最终获得 571 个有效观测值。

4.3.3 主要变量说明

4.3.3.1 财务信息披露质量

公司的盈利能力是公司业绩的最直观反映,也是监管机构、上市公司与投资者关注的焦点,因此,会计盈余是公司财务信息中最为重要的特质信息,而盈余管理是公司财务信息披露质量高低的关键原因,无论是正向操纵还是负向操纵都使得当前的财务信息偏离了公司的真实状况(Hutton et al.,2009;高敬忠等,2020),因此参考 Hutton 等(2009)、王亚平等(2009)、卢太平和张东旭(2014)、高敬忠等(2020)的研究做法,本章从操控性应计项目角度来衡量财务信息披露质量,如果公司的操控性应计项目绝对值越高,财务信息披露质量则越低。

借鉴 Dechow 等的研究方法(1995),基于修正 Jones 模型计算得到可操

---

① ST 是指境内上市公司被进行特别处理的股票,也是退市风险警示。
*ST 是指该股票连续 3 年亏损,有退市风险。

纵应计。具体步骤是：首先根据模型（4-1）按照年度——行业进行回归，得到相应系数的估计值。然后将估计值代入模型（4-2）中计算出 AEM 的值就是可操纵性应计。

$$\frac{TA_{i,t}}{Asset_{i,t-1}} = \alpha_1 \frac{1}{Asset_{i,t-1}} + \alpha_2 \frac{\Delta Sales_{i,t} - \Delta REC_{i,t}}{Asset_{i,t-1}} + \alpha_3 \frac{PPE_{i,t}}{Asset_{i,t-1}} + \varepsilon \quad (4-1)$$

$$Aem_{i,t} = \frac{TA_{i,t}}{Asset_{i,t-1}} - \left[\alpha_1 \frac{1}{Asset_{i,t-1}} + \alpha_2 \frac{\Delta Sales_{i,t} - \Delta REC_{i,t}}{Asset_{i,t-1}} + \alpha_3 \frac{PPE_{i,t}}{Asset_{i,t-1}} \right]$$
$$(4-2)$$

其中，$TA_{i,t}$ 为应计利润，用 t 年净利润减去经营现金流量，$Asset_{i,t-1}$ 为第 $t-1$ 年的总资产。$\Delta Sales_{i,t}$ 为第 t 年销售额与第 $t-1$ 年销售额之差，$\Delta REC_{i,t}$ 为第 t 年应收账款与第 $t-1$ 年应收账款之差。$PPE_{i,t}$ 为第 t 年固定资产净额。对该模型采用分年度——行业的 OLS 回归，为保证计量的有效性，本书去除了年度——行业内公司数量小于 10 的盈余管理估计。

4.3.3.2 IPO 注册制改革

按照前文对 IPO 公司的样本分组，进一步设置 Treat 虚拟变量改革阶段的划分，实验组为注册制下上市公司，Treat 取值 1，对照组为核准制下上市公司，Treat 取值 0。

4.3.3.3 融资需求

从企业融资的视角看，融资需求可以从两方面理解：外部融资需求和融资约束程度（卢太平和张东旭，2014）。前者指的是企业利用日常交易过程中形成的经营性负债实现自然增长、可动用的金融资产以及留存于公司内部的经营利润满足一部分资金来源后，剩余需要通过金融活动从资本市场筹集的资金额（Demirguc-Kunt & Maksimovic, 1998；Durnev & Kim, 2005）。后者指的是当企业有外部融资需求但却受制于融资渠道有限，无法及时获得发展所需的资金。这也恰好与本次注册制改革的初衷一致，即为急需发展资金但融资渠道有限的企业提供融资机会。因此，本章将同时从外部融资需求和融资约束两个方面来观察，注册制改革对于融资需求迫切程度不同的企业产生的差异化影响。具体的衡量方法如下：

外部融资需求，参考 Demirguc-Kunt 与 Maksimovic（1998）、Durnev 与

Kim (2005)、祝继高和陆正飞 (2012) 等的做法, 外部融资需求计算公式为:

$$外部融资需求 = \frac{总资产_t - 总资产_{t-1}}{总资产_{t-1}} - \frac{ROE_t}{1-ROE_t} \qquad (4-3)$$

融资约束程度方面,变量融资约束的衡量方法较多,代表方法有 KZ 指数 (Lamont et al., 2001)、WW 指数 (Whited & Wu, 2006), 但这两种方法均依赖于具有内生性的财务指标, 并不能够直接反映公司的融资约束状态, 以致研究结论可能存在偏误。为避免前述方法可能存在的缺陷, Hadlock 与 Pierce (2009) 参照 KZ 指数的基本计算思路, 按照企业的财务报告将企业划分为不同的融资约束类型, 然后选取了企业规模和企业年龄这两个外生并且随着时间推移并不统一发生剧烈变化的变量构建了 SA 指数。因此, 本章采用 SA 指数作为公司融资约束的衡量 (Hadlock & Pierce, 2009; 鞠晓生等, 2013), 具体公式为:

$$SA = -0.737 \times Size + 0.043 \times Size2 - 0.04 \times Age$$

4.3.3.4 控制变量

根据过往研究 (陈工孟等, 2000; Cheng et al., 2001; Dechow & Dichev, 2002; 刘立国和杜莹, 2003; Francis et al., 2005; 王艳艳和陈汉文, 2006; Doyle et al., 2007; 王兵等, 2009; 蔡宁, 2010), 本章的主要控制变量包括财务特征、公司治理、金融中介机构等指标, 详见表 4-1。

表 4-1　　　　　　　　变量定义一览表

变量类型	变量名称	变量代码	变量说明
被解释变量	应计盈余管理	abs_DA_MJONES	以修正的 Jones 模型估算的样本公司 IPO 前一年度应计盈余管理程度, 取绝对值
解释变量	注册制改革	Treat	科创板注册制下的样本公司取1, 核准之下 IPO 样本公司取0
控制变量	公司规模	Size	样本公司 IPO 前1年资产总额的自然对数
	资产负债率	Lev	样本公司 IPO 前1年资产负债率
	成长性	Growth	样本公司 IPO 前1年营业收入增长率
	盈利能力	Roa	样本公司 IPO 前1年总资产报酬率

续表

变量类型	变量名称	变量代码	变量说明
控制变量	大股东持股比例	Shareholder	样本公司 IPO 上市前第一大股东持股比例
	成立到上市的年限	Age	公司从成立到上市的年限
	承销商声誉	Ur	承销商综合排名前 10 为高声誉,取 1,否则取 0
	私募持股	Vc	发行前有私募持股,取 1,否则取 0
	审计质量	Big4	会计师事务所为四大,取 1,否则取 0
	行业	Ind	行业虚拟变量,按证监会分类标准,以大类为准

4.3.4 实证模型设定

为对比检验注册制改革下的 IPO 上市公司相较于核准制下的 IPO 上市公司在上市前的财务信息披露行为是否存在显著差异,本章设定如下模型进行检验:

$$Y_{i,t} = \beta_0 + \beta_1 \times Treat + \sum \beta_j \times Controls_j + \varepsilon \tag{4-4}$$

其中,被解释变量分别应计盈余管理程度(abs_DA_MJONES);解释变量为注册制改革(Treat),其余为控制变量,i 表示企业,t 表示年份。

4.4 实证检验与结果分析

4.4.1 描述性统计

表 4-2 显示了本章主要变量的描述性统计结果。

表 4 – 2　　　　　　　　主要变量描述性统计结果

变量	N	mean	sd	min	p25	p50	p75	max
abs_DA_MJONES	571	0.112	0.139	0	0.0340	0.0680	0.141	1.472
Treat	571	0.269	0.444	0	0	0	1	1
Size	571	20.15	0.870	18.32	19.61	20.03	20.54	25.47
Lev	571	0.314	0.117	0.0400	0.234	0.313	0.399	1.056
Growth	571	0.223	0.321	-2.924	0.0810	0.198	0.325	5.579
Roa	571	0.119	0.180	-4.385	0.0870	0.121	0.161	0.397
Shareholder	571	0.346	0.121	0.0100	0.254	0.338	0.424	0.663
Age	571	2.495	0.493	0.693	2.303	2.565	2.833	3.497
Ur	571	0.460	0.499	0	0	0	1	1
Vc	571	0.684	0.465	0	0	1	1	1
Big4	571	0.037	0.189	0	0	0	0	1

由表 4 – 2 可知，被解释变量方面，应计盈余管理（abs_DA_Mjohnes）的均值为 0.112，中位数为 0.068，最小值为 0，最大值为 1.472，标准差为 0.139，说明不同 IPO 公司存在应计盈余管理程度的不同。解释变量方面，Treat 均值为 0.269，表明注册制下的上市公司占全样本的 26.9%。控制变量方面，变量 Age 的平均年份为 2.495，中位数为 2.565，最小值为 0.693，最大值为 3.497，表明创业板公司和科创板公司从成立到 IPO 的年份差别并不是很大，也符合两个板块公司所处的产业生命周期，均具有高成长、高创新、高风险的特点。变量 Ur 的均值为 0.46，表明 46% 的公司聘请了市场排名前 10 的承销商为其开展上市辅导、材料申报等工作。变量 Vc 的均值为 0.684，表明有 68.4% 的公司在上市之前有风投持股。变量 Big4 的均值为 3.7%，表明有 3.7% 的公司使用国际四大会计师事务所进行审计。总体控制变量符合正态分布，与既有文献基本一致。

4.4.2　相关系数矩阵

表 4 – 3 报告了本章主要变量的相关系数。从表中可以看到，被解释变量 abs_DA_MJONES 与 Treat 的相关系数为 -0.081，在 5% 的水平上显著负

表4-3　相关系数矩阵

变量	abs_DA_MJONES	Treat	Size	Lev	Growth	Roa	Shareholder	Age	Ur	Vc	Big4
abs_DA_MJONES	1										
Treat	-0.081**	1									
Size	-0.213***	0.337***	1								
Lev	0.027	-0.083**	0.296***	1							
Growth	0.187***	0.087**	-0.102***	0.125***	1						
Roa	0.177***	-0.280***	-0.563***	-0.437***	0.182***	1					
Shareholder	-0.012	-0.252***	-0.148***	0.058	-0.083**	0.166***	1				
Age	-0.209***	0.194***	0.208***	-0.137***	-0.210***	-0.145***	0.004	1			
Ur	0.038	0.180***	0.194***	-0.060*	0.052	-0.039	-0.027	-0.027	1		
Vc	-0.053	0.169***	0.168***	-0.034	-0.009	-0.185***	-0.126***	0.098***	0.082**	1	
Big4	-0.033	0.258***	0.188***	-0.020	0.056	-0.147***	-0.056	0.038	0.152***	0.022	1

注：*、**、***分别表示在10%、5%和1%水平上显著。

相关,初步证明了本章的假设4-1。其他所有的相关系数的绝对值均不超过0.6,表明变量之间并不存在严重的多重共线性。

4.4.3 单变量分析

首先根据发行上市审核制度的不同,将样本公司分为核准制下的IPO公司和注册制下的IPO公司两组。表4-4列示了针对应计盈余管理和真实盈余管理的T检验和Wilxcon检验。应计盈余管理方面,从检验结果可以看出,核准制下IPO公司上市前应计盈余管理均值为0.116,注册制下IPO公司应计盈余管理均值为0.065,T值为4.328,在1%的水平上显著为正;核准制下IPO公司上市前应计盈余管理中位数为0.071,注册制下IPO公司应计盈余管理中位数为0.064,z值为3.239,在1%的水平上显著为正。因此,无论是平均数还是中位数,核准制下的IPO公司在上市前进行的应计盈余管理程度显著低于注册制下的IPO公司,这与本章的假设4-1预期一致。

表4-4 单变量分析

变量:abs_DA_MJONES	均值	中位数
核准制	0.116	0.071
注册制	0.065	0.064
差异	0.051	0.007
统计量	t - stat. = 4.328***	z - stat. = 3.239***

注:*、**、***分别表示在10%、5%和1%水平上显著。

4.4.4 注册制改革与上市前财务信息披露质量

进一步,本章使用模型4-4对注册制改革与IPO公司上市前应计盈余管理程度的关系进行检验。表4-5显示了多元线性回归的结果。本章采用逐步回归的方法,在先后引入财务指标数据、公司治理数据和承销商、风投信息之后,注册制改革变量Treat与abs_DA_Mjohnes的相关系数为-0.044、-0.026和-0.022,分别在1%和5%的水平上显著为负。这表明,注册制改革后，IPO 公司上市前的应计盈余管理程度显著降低了，即注册制下的 IPO 公司的财务信息披露质量有了显著提升，验证了本书的假设 4-1。

表 4-5　　注册制改革与 IPO 公司应计盈余管理回归结果

变量	(1) abs_DA_MJONES	(2) abs_DA_MJONES	(3) abs_DA_MJONES
Treat	-0.044*** (-5.822)	-0.026*** (-2.683)	-0.022** (-2.263)
Size		-0.026*** (-3.792)	-0.023*** (-3.608)
Lev		-0.013 (-0.226)	-0.027 (-0.500)
Growth		0.047** (2.518)	0.036** (2.130)
Roa		0.013 (0.514)	0.013 (0.582)
Shareholder			-0.005 (-0.120)
Age			-0.040*** (-3.302)
Ur			0.012 (1.256)
Vc			-0.002 (-0.215)
Big4			0.013 (0.922)
Constant	0.115*** (19.127)	0.627*** (4.734)	0.676*** (4.978)
Industry FE	YES	YES	YES
r2_a	0.0588	0.100	0.122
F	33.89***	9.494***	6.262***
N	571	571	571

注：*、**、*** 分别代表 10%、5% 与 1% 显著性水平；小括号内为异方差稳健并在公司层面进行聚类调整后的 t 统计值。

4.4.5 融资需求、注册制改革与上市前财务信息披露质量

正如前文所述，本次注册制改革不再以行政为导向，而是设置多元化的上市目标，降低上市门槛，力求发挥资本市场对于实体企业发展的支持作用。因此，上市公司在迫切的融资需求下，具有更强的动机遵循监管制度的要求，通过提升信息披露质量，来抓住本次资本市场改革带来的融资机会。为了观察不同融资需求下，注册制改革对于财务信息披露质量的差异化影响，本章按照外部融资需求和融资约束程度的中位数，将样本分为高低两组，分别检验注册制改革与财务信息披露质量的关系。

表 4-6 显示了分组检验的回归结果。在外部融资需求较高、面临的融资约束程度较高的组中，变量 Treat 与 abs_DA_MJONES 的相关系数分别为 -0.025 和 -0.035，分别在 5% 和 1% 的水平上显著负相关，而在外部融资需求较低、面临的融资约束程度较低的组，二者的关系并不显著，这与前文的理论分析基本一致，证明了本章的假设 4-2，即注册制改革对于财务信息披露质量的提升作用在融资需求更高的公司更加显著。

表 4-6 按融资需求高低分组回归结果

变量	(1) 外部融资需求高 abs_DA_MJONES	(2) 外部融资需求低 abs_DA_MJONES	(3) 融资约束程度高 abs_DA_MJONES	(4) 融资约束程度低 abs_DA_MJONES
Treat	-0.025** (-2.057)	-0.025 (-1.450)	-0.035*** (-3.118)	-0.002 (-0.106)
Size	-0.016** (-2.075)	-0.034*** (-2.620)	-0.005 (-0.661)	-0.032*** (-2.690)
Lev	-0.083 (-1.125)	0.177 (1.332)	-0.077 (-0.846)	0.027 (0.384)
Growth	0.027* (1.964)	0.028 (0.489)	0.008 (0.945)	0.087*** (2.879)
Roa	-0.005 (-0.274)	0.349 (1.518)	-0.005 (-0.351)	0.209* (1.717)

续表

变量	(1) 外部融资需求高 abs_DA_MJONES	(2) 外部融资需求低 abs_DA_MJONES	(3) 融资约束程度高 abs_DA_MJONES	(4) 融资约束程度低 abs_DA_MJONES
Shareholder	-0.020 (-0.362)	0.002 (0.023)	0.033 (0.607)	-0.062 (-0.953)
Age	-0.039*** (-2.762)	-0.042** (-2.002)	-0.034 (-1.394)	-0.041** (-2.197)
Ur	0.007 (0.533)	0.017 (1.021)	0.014 (1.047)	0.011 (0.795)
Vc	-0.014 (-0.956)	0.023 (1.301)	0.003 (0.243)	0.003 (0.225)
Big4	-0.003 (-0.208)	0.039 (0.748)	-0.009 (-0.597)	0.006 (0.213)
Constant	0.554***	0.759***	0.284*	0.796***
Industry FE	YES	YES	YES	YES
r2_a	0.1128	0.1034	0.0462	0.150
F	4.36***	3.25***	3.134***	2.711***
N	287	278	281	282

注:*、**、***分别代表10%、5%与1%显著性水平;小括号内为异方差稳健并在公司层面进行聚类调整后的 t 统计值。

4.4.6 稳健性检验

4.4.6.1 变换模型

首先,由于本章选择应计盈余管理程度为 IPO 公司上市前的财务信息披露质量的代理变量,应计盈余管理程度均大于 0,是典型的左截尾数据,为保证模型和估计系数的有效性,本书采用 Tobit 模型再次检验注册制改革与 IPO 公司上市前的应计盈余管理程度之间的关系。表 4-7 显示了回归结果,注册制改革与 IPO 公司上市前的应计盈余管理程度之间的相关系数为 -0.022,在 5% 的水平上显著负相关。证明了本书主要结果的稳健性。

表 4-7 Tobit 模型回归结果

变量	(1) abs_DA_MJONES
Treat	-0.022** (-2.322)
Size	-0.023*** (-3.704)
Lev	-0.027 (-0.513)
Growth	0.036** (2.186)
Roa	0.013 (0.598)
Shareholder	-0.005 (-0.123)
Age	-0.040*** (-3.389)
Ur	0.012 (1.289)
Vc	-0.002 (-0.221)
Big4	0.013 (0.946)
Constant	0.632*** (4.892)
Industry FE	YES
r2_a	.
F	3.367***
N	571

注：*、**、*** 分别代表 10%、5% 与 1% 显著性水平；小括号内为异方差稳健并在公司层面进行聚类调整后的 t 统计值。

4.4.6.2 改变样本时间区间

我国在 2015 年之后，IPO 审核本质上进入了由核准制向注册制过渡的过渡期，新股发行常态化，IPO 过会率较以往年度显著提升，在其他制度并未出现显著改变的情况下，政府的监管重点也逐渐向信息披露质量转移。为了排除现有结果是由于早期 IPO 公司财务信息披露质量较低导致，进一步证明注册制改革对于 IPO 公司信息披露质量的提升作用，本章选择 2015 年以后的样本进行检验。表 4-8 显示了回归结果，注册制改革与应计盈余管理程度之间的相关系数为 -0.036，在 1% 的水平上显著为负。该结果表明，本书的基准回归结果并不是由于早期 IPO 公司质量较低、近年来信息披露质量较高导致，而是注册制对于 IPO 公司财务信息披露质量的提升，进一步证明了本章主要结论的稳健性。

表 4-8　选择 2015 年以后 IPO 公司样本后的回归结果

变量	(1) abs_DA_MJONES
Treat	-0.036***
	(-2.875)
Size	-0.016**
	(-2.396)
Lev	-0.113
	(-1.643)
Growth	0.021***
	(2.646)
Roa	-0.017*
	(-1.789)
Shareholder	0.028
	(0.575)
Age	-0.009
	(-0.406)
Ur	0.003
	(0.246)

续表

变量	(1) abs_DA_MJONES
Vc	-0.017 (-1.106)
Big4	0.012 (0.863)
Constant	0.498*** (3.352)
Industry FE	YES
r2_a	0.124
F	2.719***
N	310

注：*、**、***分别代表10%、5%与1%显著性水平；小括号内为异方差稳健并在公司层面进行聚类调整后的 t 统计值。

4.4.6.3 改变样本选择范围

尽管创业板和科创板在设立之初，都是定位为具有高成长、高创新、高风险特征的中小企业服务，但是由于板块上市条件不同，企业基于自身条件，仍然会选择更加匹配自身条件、上市成功概率更大的板块进行IPO的尝试。创业板对于公司盈利规模、成长性等方面显然具有更高的要求，相比之下，科创板进行了放松，这导致两个板块企业在资产规模、盈利能力、成长速度、资产负债率、公司治理水平、行业等方面具有明显差异。

为了避免公司自身差异带来的信息披露选择问题，本章选择总资产（Size）、收入规模（Revenue）、营业收入增长率（Growth）、资产负债率（Lev）、董事会规模（Boardsize）以及行业，分别采用K近邻匹配和核匹配选择对照组，并重新检验注册制改革对于IPO公司上市前应计盈余管理的影响。表4-9显示了采用两种方法进行对照组选择之后的多元线性回归检验结果。注册制改革变量（Treat）与应计盈余管理（abs_DA_MJONES）的相关系数均为-0.027，分别在5%和1%的水平上显著为负，进一步证明了本章主要结论的稳健性。

表 4–9　　PSM 后回归结果

变量	(1) K 近邻 PSM abs_DA_MJONES	(2) 核匹配 PSM abs_DA_MJONES
Treat	-0.027** (-2.417)	-0.027*** (-2.806)
Size	-0.004 (-0.570)	-0.005 (-0.814)
Lev	-0.032 (-0.624)	-0.042 (-0.988)
Growth	0.020 (1.087)	0.022 (1.323)
Roa	-0.005 (-0.519)	-0.006 (-0.576)
Shareholder	-0.021 (-0.503)	-0.010 (-0.258)
Age	-0.013 (-0.832)	-0.010 (-0.780)
Ur	0.011 (0.996)	0.009 (0.964)
Vc	-0.014 (-1.170)	-0.013 (-1.183)
Big4	-0.009 (-0.680)	-0.009 (-0.827)
Constant	0.221 (1.468)	0.231** (1.779)
Industry FE	YES	YES
r2_a	0.0638	0.0792
F	1.470***	2.048***
N	191	232

注：*、**、*** 分别代表 10%、5% 与 1% 显著性水平；小括号内为异方差稳健并在公司层面进行聚类调整后的 t 统计值。

4.5 基于治理环境的进一步讨论

注册制是成熟资本市场在中国这一新兴资本市场的全新尝试。相比于成熟资本市场，我国公司的内外部治理环境均有明显的差异。从公司内部看，中国公司自身的公司治理水平参差不齐；从外部治理环境看，中国经济、法治等环境存在地区发展不平衡的状况，也会对公司产生差异化的影响；从资本市场环境看，各类金融中介仍然处于发展的中早期，市场声誉机制尚未建立导致其监督作用发挥不及预期。为了进一步研究注册制改革对于IPO公司在上市前财务信息披露质量的影响在不同环境下是否呈现出差异化的特征，本章将从公司治理水平、外部治理环境、金融中介机构三个维度进行进一步检验和分析。

4.5.1 公司治理水平、注册制改革与上市前财务信息披露质量

由于我国公司普遍存在"一股独大"的特点，第一大股东拥有对公司的绝对控制权，也能够掌握信息披露质量，根据剥夺理论（Fan & Wong，2002），为了攫取控制权的私人收益，大股东可能尽量控制信息的输出，缺乏提升信息披露质量的动力。同时，"一股独大"还会带来董事长和CEO两职合一的董事会机制，会弱化真实财务信息对经理层的激励机制。当企业内部治理对于信息披露质量无法发挥作用时，为了减少大股东的机会主义行为，向市场传递更加真实、完整的企业信息，就需要依靠监管层的外部治理作用。本次注册制改革强化了对于信息披露的监督，提升信息披露操纵的违法成本，有利于遏制大股东的机会主义行为。

因此，本章将同时从股权结构和董事会机制两方面，检验注册制改革对于不同公司治理水平下的信息披露质量的提升作用是否产生差异。本章借鉴高雷和宋顺林（2007）等的做法，采用第一大股东持股比例（按中位

数高低)和董事长、CEO 两职合一这两个分类标准,将样本公司分为两组,分别检验注册制改革对于 IPO 公司上市前财务信息披露质量的影响。

表 4-10 显示了分组回归的结果。我们可以看到,在第一大股东持股比例较高、两职合一的样本中,变量 Treat 与 abs_DA_MJONES 的相关系数分别为 -0.03 和 -0.021,均在 10% 的水平上显著为正,但在持股比例较低、非两职合一的样本中,相关性并不显著。这表明,注册制改革显著提升了外部监管力度,显著提升了公司治理水平较低的公司上市前的财务信息披露质量,有利于遏制大股东操纵信息披露攫取控制权收益的机会主义行为。

表 4-10   按公司治理水平高低分组回归结果

变量	(1) 持股比例高 abs_DA_MJONES	(2) 持股比例低 abs_DA_MJONES	(3) 两职合一 abs_DA_MJONES	(4) 非两职合一 abs_DA_MJONES
Treat	-0.030* (-1.776)	-0.000 (-0.013)	-0.021* (-1.821)	-0.022 (-1.369)
Size	-0.013 (-1.271)	-0.020** (-2.289)	-0.014 (-1.585)	-0.020** (-2.471)
Lev	-0.125 (-1.135)	0.045 (0.886)	-0.019 (-0.329)	0.038 (0.463)
Growth	0.102** (2.133)	0.032** (2.471)	0.026 (0.880)	0.043*** (2.991)
Roa	-0.019 (-1.157)	0.232** (2.386)	-0.007 (-0.781)	0.359*** (3.144)
Shareholder			-0.040 (-0.896)	-0.008 (-0.126)
Age	-0.039*** (-2.799)	-0.049** (-2.283)	-0.061*** (-4.680)	-0.029** (-1.998)
Ur	0.008 (0.562)	0.005 (0.432)	-0.006 (-0.505)	0.018 (1.366)

续表

变量	（1） 持股比例高 abs_DA_MJONES	（2） 持股比例低 abs_DA_MJONES	（3） 两职合一 abs_DA_MJONES	（4） 非两职合一 abs_DA_MJONES
Vc	0.009 (0.567)	-0.006 (-0.414)	-0.023 (-1.272)	0.013 (0.973)
Constant	-0.010 (-0.528) 0.476***	0.018 (0.886) 0.573***	0.024 (1.274) 0.565***	0.036 (1.589) 0.511***
Industry FE	YES	YES	YES	YES
r2_a	0.101	0.181	0.118	0.139
F	4.073***	3.758***	2.996***	5.054***
N	282	282	186	379

注：*、**、*** 分别代表10%、5%与1%显著性水平；小括号内为异方差稳健并在公司层面进行聚类调整后的 t 统计值。

4.5.2　外部治理环境、注册制改革与上市前财务信息披露质量

新制度经济学理论认为，在现实经济环境中，公司绝不是孤独存在的个体，而是每时每刻都会与外界环境中的各种元素产生联系，并受到这些因素的影响（Coase，1937；North，1971），王化成等（2011）将外部环境划分为宏观环境和市场环境，其中宏观环境指的是政治环境、经济环境、法律环境等，市场环境主要指的是行业竞争环境。因此，本章将从宏观环境和产品市场竞争环境这两个外部治理环境视角，观察在不同的环境中，注册制改革对于IPO公司上市前财务信息披露质量的影响是否呈现出差异化的结果。

4.5.2.1　宏观环境

我国处于经济体制改革不断深化的时期，各地区市场化发展程度不均衡，各地区法治水平也参差不齐。在市场化程度较高的地区，政府干预较少，从市场主体的自主行为角度来看，竞争也更加激烈，关系型资源较少。在这种情况下，公司更加愿意通过披露更多具有信息含量的信息，向市场

传递良好的信号，从而降低融资成本，获得更多的发展机会。在市场化进程较低的地区，政府干预程度通常较强，企业要获得有利于自身的发展，要付出额外的"关系成本"（姜付秀，2008；连军，2011），通过提升信息披露质量这一市场化行为在这样的环境里可能作用不明显。本次注册制改革希望通过发挥市场在资源配置中的决定性作用，从而提升资本市场的资源配置效率。该政策的实施在不同市场化进程的地区，所收获的成效可能不同。在市场化程度较高的地区可能会得到企业的积极响应，而在市场化进程较低的地区，由于企业自身的思维惯性，对注册制下各项监管要求的响应程度可能相对较低。

本书采用樊纲、王小鲁编制的中国市场化指数中的"中国各地区市场化指数"和其中的细分指标"维护市场的法治水平"，按照各上市公司所在地的得分中位数，将其分为高低两组，并分别检验在不同宏观环境下，注册制对于 IPO 公司上市前财务信息披露质量是否呈现出差异化的影响。表 4 – 11 显示了回归结果。我们可以看到，在市场化进程和法治水平较高的组，变量 Treat 和 abs_DA_MJONES 的相关系数分别为 – 0.025 和 – 0.03，均在 10% 的水平上显著为负，在市场化进程、法治水平较低的组中，二者的相关关系虽然为负，但并不显著。这证明了注册制在处于市场化程度较高、法治环境较好的公司中的效应更加明显，这也与前文的理论分析相一致。

表 4 – 11　　　　　　按市场化进程和法治环境分组回归结果

变量	(1) 市场化进程高 abs_DA_MJONES	(2) 市场化进程低 abs_DA_MJONES	(3) 法治水平高 abs_DA_MJONES	(4) 法治水平低 abs_DA_MJONES
Treat	– 0.025 * (– 1.926)	– 0.019 (– 1.025)	– 0.030 ** (– 2.015)	– 0.014 (– 0.810)
Size	– 0.006 (– 0.824)	– 0.027 ** (– 2.510)	– 0.017 ** (– 2.551)	– 0.026 ** (– 2.135)
Lev	– 0.089 (– 1.147)	0.063 (0.850)	– 0.074 (– 1.015)	0.137 (1.325)
Growth	0.035 *** (2.742)	0.108 ** (2.239)	0.034 ** (2.201)	0.025 (0.539)

续表

变量	(1) 市场化进程高 abs_DA_MJONES	(2) 市场化进程低 abs_DA_MJONES	(3) 法治水平高 abs_DA_MJONES	(4) 法治水平低 abs_DA_MJONES
Roa	0.224** (2.333)	0.000 (0.029)	0.001 (0.092)	0.393** (2.207)
Shareholder	0.022 (0.454)	−0.086 (−1.139)	0.048 (0.978)	−0.085 (−1.255)
Age	−0.019 (−1.291)	−0.069*** (−3.401)	−0.024* (−1.689)	−0.051** (−2.381)
Ur	0.006 (0.451)	0.025* (1.681)	0.017 (1.359)	0.013 (0.810)
Vc	0.007 (0.480)	−0.017 (−0.944)	0.006 (0.551)	0.002 (0.096)
Big4	0.010	0.021	0.021	0.026
Constant	0.251 (1.618)	0.785*** (3.742)	0.466*** (3.429)	0.676*** (2.734)
Industry FE	YES	YES	YES	YES
r2_a	0.0959	0.219	0.108	0.174
F	3.673***	3.923***	4.095***	3.373***
N	359	204	327	238

注：*、**、***分别代表10%、5%与1%显著性水平；小括号内为异方差稳健并在公司层面进行聚类调整后的 t 统计值。

4.5.2.2 产品市场竞争

现有研究表明，当企业面临更加激烈的行业竞争，采取的信息披露策略可能不同，但双方的关系在不同的具体情境下呈现出差异化的特征。有研究发现，在竞争更加激烈的行业中，公司更加倾向于披露更高质量的信息来阻止竞争者的进入（Darrough & Stoughton，1990），但也有研究发现，面对更加激烈的竞争，公司反而可能会尽量少的披露信息，从而防止有效信息流向竞争对手（Verrecchia，1983）。对于 IPO 市场而言，企业上市的目的就是融资，激烈的市场竞争可能导致产品的盈利空间有限，从而限制了企业通过自身经营性业务筹集扩大再生产或进行研发投入的资金，在这种情况下，企业为了尽快取得突破，融资需求会更加迫切（伊志宏等，2010），为了顺利通过资本市场进行融资，有更加强烈的动机遵循监管层的要求进行信息披露，从而降低公司与投资者之间的信息不对称，提升 IPO 成功的概率。因此可以预期，在面临更加激烈的产品市场竞争中的企业，注册制改革对其上市前财务信息披露提升的效用更加明显。

本书借鉴伊志宏等（2010）的做法，分别采用行业内的企业数目（N）和 Herfindahl – Hirschman Index（以下简称"HHI 指数"）来衡量行业竞争激烈程度，即根据样本公司所在行业的企业数目 N 和 HHI 指数是否大于或小于中位数，将样本公司划分为位于高竞争强度行业的样本组和位于低竞争强度行业的样本组，并分别进行回归检验。表 4 – 12 显示了回归结果。我们可以看出，两个分组标准下，高竞争组中，变量 Treat 与 abs_DA_MJONES 的相关系数分别为 – 0.029 和 – 0.028，均在 5% 的水平上显著为负，而在低竞争组中，尽管二者的相关系数为负，但并不显著，这表明注册制改革对于财务信息披露质量的提升作用在竞争更加激烈的行业中体现的更加明显，这与前文的理论分析一致。

表 4 – 12　　　　　根据产品市场竞争程度高低回归结果

变量	根据企业数目分组		根据 HHI 指数分组	
	高竞争	低竞争	高竞争	低竞争
	abs_DA_MJONES	abs_DA_MJONES	abs_DA_MJONES	abs_DA_MJONES
Treat	– 0.029 ** (– 2.512)	– 0.027 (– 1.084)	– 0.015 (– 0.747)	– 0.028 ** (– 2.217)
Size	– 0.009 (– 1.603)	– 0.030 ** (– 2.184)	– 0.011 (– 1.168)	– 0.028 *** (– 2.976)
Lev	– 0.029 (– 0.658)	0.057 (0.383)	– 0.075 (– 0.697)	0.048 (0.930)
Growth	0.007 (1.084)	0.090 ** (2.102)	0.074 * (1.933)	0.024 ** (2.142)
Roa	– 0.011 (– 1.562)	0.577 *** (2.801)	0.353 ** (2.443)	0.003 (0.284)

续表

变量	根据企业数目分组		根据HHI指数分组	
	高竞争	低竞争	高竞争	低竞争
	abs_DA_MJONES	abs_DA_MJONES	abs_DA_MJONES	abs_DA_MJONES
Shareholder	-0.057 (-1.485)	0.024 (0.344)	0.026 (0.452)	-0.042 (-0.723)
Age	-0.035** (-2.304)	-0.024 (-1.477)	-0.032* (-1.776)	-0.054*** (-3.405)
Ur	0.006 (0.629)	0.012 (0.765)	0.019 (1.191)	0.006 (0.567)
Vc	-0.008 (-0.690)	0.026 (1.524)	-0.001 (-0.045)	-0.006 (-0.521)
Big4	-0.009 (-0.820)	0.063 (1.198)	0.038 (1.340)	0.009 (0.621)
Constant	0.393***	0.636**	0.358*	0.794***
Industry FE	YES	YES	YES	YES
r2_a	0.0647	0.184	0.0894	0.191
F	2.605***	5.475***	3.321***	4.114***
N	287	284	284	287

注：*、**、***分别代表10%、5%与1%显著性水平；小括号内为异方差稳健并在公司层面进行聚类调整后的t统计值。

4.5.3 金融中介监督、注册制改革与上市前财务信息披露质量

金融中介机构在我国资本市场一直扮演着重要的角色，尤其是在信息不对称较为严重的新股发行市场中，金融中介机构在承担"认证功能"的同时，也与IPO公司存在着利益协同，会对公司信息披露质量产生重要影响（Wang et al., 2010；蔡宁，2015）。在众多金融中介机构中，私募股权基金在企业发展的早期发挥了融资、管理咨询等重要作用，有助于改善公司治理水平，是支持企业逐步发展的重要力量；证券承销商则直接在发行上市中承担着信息鉴证、信息披露的责任。但现有研究对于二者对IPO公司上市前的财务信息披露质量的影响并未得出一致的结论。本次注册制改革构建

了完善的信息披露法律责任主体，对相关信息披露义务人进行了严格要求，那么私募股权基金和证券承销商在本次注册制改革中，将对 IPO 公司上市前的财务信息披露质量产生怎样的影响值得我们进一步进行检验和分析。

4.5.3.1 私募持股、注册制改革与上市前财务信息披露质量

随着我国资本市场的快速发展，私募股权投资基金也迅速成长起来，成为帮助处于快速成长期的公司缓解融资困境，并发挥咨询功能，改善公司的管理水平，增强企业竞争力的重要力量。但私募基金对于公司信息披露质量的影响一直存在争议。"认证效应"假说认为，私募基金作为金融中介，参与被投资项目，可以提高财务信息披露质量，减少信息不对称（Magginson & Weiss，1991），从而提升企业价值，但"逐名假说"却认为私募基金会导致管理层操纵盈余管理，降低了财务信息披露质量（Amit，1990；Gompers et al.，1996）。国内学者基于我国尚未完善的资本市场进行研究，得出的结论也并不一致，部分研究发现私募基金可能参与了公司的盈余管理（谈毅，2009），也有研究发现私募基金的参股可能提升被投企业盈余质量和企业绩效（王亚平等，2005；张子炜等，2012）。

在公司上市前一段时间入股，通过资金、管理等方面的资源支持公司上市，并在上市后退出是私募基金常见的盈利方式。注册制下，监管层以信息披露为重点进行监管，为了提升上市成功的概率，私募股权机构更倾向于发挥监督作用，抑制公司操纵信息披露的机会主义行为，从而实现公司的顺利上市，为日后成功退出奠定基础。因此，相比于没有私募持股的公司，有私募持股的公司更有可能发挥监督作用，促使公司提升信息披露质量，从而获得上市的机会。为了检验这一推论，本书将样本公司按照上市前是否有私募持股分为两组，分别检验注册制改革对于财务信息披露质量的影响。表 4-13 显示了分组后的检验结果。我们可以看到，在有私募持股的样本中，变量 Treat 与 abs_DA_MJONES 的相关系数为 -0.028，在 5% 的水平上显著为负，在无私募持股的样本中，二者的关系虽然为负，但并不显著，表明注册制改革对于信息披露质量的提升作用在有私募持股的公司中体现的更加明显，即私募在 IPO 公司上市前的信息披露中发挥了监督作用。

表4-13　　　　　　　　按是否有私募持股分组回归结果

变量	(1) 有私募持股 abs_DA_MJONES	(2) 无私募持股 abs_DA_MJONES
Treat	-0.028** (-2.367)	-0.004 (-0.181)
Size	-0.018** (-2.234)	-0.030** (-2.424)
Lev	-0.025 (-0.399)	-0.016 (-0.134)
Growth	0.028* (1.859)	0.113** (2.161)
Roa	0.004 (0.204)	0.105 (0.722)
Shareholder	0.018 (0.350)	-0.030 (-0.378)
Age	-0.039** (-2.455)	-0.039** (-2.047)
Ur	0.020* (1.796)	-0.007 (-0.427)
Big4	-0.004 (-0.312)	0.048 (1.315)
Constant	0.552***	0.784***
Industry FE	YES	YES
r2_a	0.114	0.143
F	4.752***	4.474***
N	383	183

注：*、**、***分别代表10%、5%与1%显著性水平；小括号内为异方差稳健并在公司层面进行聚类调整后的t统计值。

4.5.3.2　证券承销商、注册制改革与上市前财务信息披露质量

证券承销商作为在IPO公司上市前辅导、上市中对信息披露提供鉴证服

务的核心角色，对于IPO公司的信息披露发挥着重要的作用。作为证券市场的第三方，券商在IPO过程中最重要的职责之一就是对IPO公司所披露的信息进行鉴证，券商的鉴证作用可能部分缓解发行人与市场投资者之间信息不对称的严重程度。然而，证券承销商的业绩来自IPO公司，IPO公司和证券承销商都希望IPO公司能够成功上市。因此，为了帮助IPO公司提升上市成功的概率，证券承销商也有可能会为了短期收益的最大化去纵容乃至协助IPO公司向上操纵盈余。在成熟的资本市场中，券商的机会主义行为将导致其未来市场份额减少（Hanley et al.，2012），收费水平降低（Fang，2005），甚至可能产生严重的法律风险（Hanley et al.，2012；Charme et al.，2004）。因此，针对成熟资本市场的大量研究都表明，声誉对于券商而言十分重要，券商为了维护自身良好的市场口碑，需要发挥更多的监督作用，从而有效抑制其承销的IPO公司的盈余管理程度（Chang et al.，2010；Lee et al.，2011）。

我国的资本市场相比于成熟资本市场仍然处于发展的中早期，各项法律、制度以及治理机制尚未健全。在核准制下，我国的IPO发行权通常由证监会主导，这种行政管制导致了股票市场供小于求，投资者热衷申购新股从而获得超额收益，对上市公司的信息披露质量并不关心，对于证券承销商的信息披露鉴证功能更加缺少关心的动机（郭海星等，2011）。更有研究发现，在我国的资本市场制度环境下，券商的声誉与其承销的IPO公司的盈余管理程度正相关（柳建华等，2017）。原因在于，一方面，IPO公司与证券承销商之间存在共同利益，而规模越大、市场地位越高的券商越有能力与IPO公司合谋；另一方面，我国的信息披露制度和投资者保护的法律法规不完善（Brockman et al.，2003；刘峰，2007；代彬等，2011），无论是对IPO公司还是对券商的法律风险都较低。

本次注册制改革，针对核准制下无法发挥证券承销商的信息鉴证功能的缺陷，一方面在信息披露审核环节，对证券承销商的事前审核提出严格的要求，对公司的各项重要信息披露做出核查报告；另一方面，通过修订证券法律，压实证券承销商的"资本市场看门人"的责任，并大幅提高针对违法违规承销保荐行为的处罚力度。对于证券承销商而言，获取与IPO公司合谋的短期利益是以承担违法风险、牺牲市场地位和未来收益为代价的，在注册制这一全新的法律和制度环境下，这一代价明显提高。市场地位较高的证券公司有动机改变过去的行为,通过提升发行人的财务信息披露质量维护自身竞争优势以及规避法律诉讼风险。

为了检验注册制改革下,不同规模和行业地位的证券承销商在IPO公司发行上市的过程中对IPO公司财务信息披露的作用是否发生变化,本章将IPO公司样本按照各证券承销商在IPO年度的承销规模和金额的排名高低进行分组,并在分组的基础之上进一步检验注册制改革对于不同水平券商的成效。表4-14显示了分组回归的检验结果。当IPO公司的承销商排名较高的时候,注册制改革与上市前盈余管理程度的相关系数为-0.036,在5%的水平上显著为负,当IPO公司的承销商排名较低的时候,注册制改革与上市前盈余管理程度的相关系数为-0.017,为负相关,但并不显著。结果表明,在注册制改革下,对于所有IPO公司而言,均抑制了上市前应计盈余管理行为,但当公司的证券承销商声誉较高时,注册制改革对于财务信息披露质量的提升作用更加明显。

表4-14 按券商声誉高低分组回归结果

变量	高声誉 abs_DA_MJONES	低声誉 abs_DA_MJONES
Treat	-0.036** (-2.158)	-0.017 (-1.261)
Size	-0.012 (-1.560)	-0.038*** (-3.193)
Lev	-0.045 (-0.517)	0.023 (0.242)
Growth	0.034** (2.035)	0.039 (0.821)
Roa	-0.001 (-0.079)	0.207 (1.267)
Shareholder	0.053 (0.956)	-0.059 (-0.946)
Age	-0.020 (-1.125)	-0.045*** (-2.740)

续表

变量	高声誉	低声誉
	abs_DA_MJONES	abs_DA_MJONES
Vc	0.011 (0.763)	-0.003 (-0.180)
Big4	0.014 (0.849)	0.013 (0.462)
Constant	0.394** (2.352)	0.959*** (3.877)
Industry FE	YES	YES
r2_a	0.118	0.187
F	2.854***	6.411***
N	263	304

注：*、**、*** 分别代表 10%、5% 与 1% 显著性水平；小括号内为异方差稳健并在公司层面进行聚类调整后的 t 统计值。

4.6 本章小结

注册制改革以信息披露为核心改革内容，重点关注 IPO 公司的信息披露质量。财务信息是公司资产状况、经营成果和现金流量的重要体现，是公司价值的最直观体现。财务数据信息的披露直接影响到投资者对于 IPO 公司的价值判断。本章利用新股发行注册制改革的实施这一准自然实验平台，以核准制下的创业板公司和注册制下的科创板公司形成实验组和对照组，采用多元线性回归模型，重点检验了注册制改革在 IPO 公司的财务信息披露质量方面取得的成效。

研究结果表明：（1）注册制改革的实施能够显著抑制我国 IPO 公司在上市前的应计盈余管理程度，证明了我国 IPO 公司在上市之前的财务信息披露质量有所提升，这一结论在通过变换模型设定、变换样本选择时间区间、多重 PSM 方法矫正样本选择偏差进行稳健性检验之后依然成立；(2) 进一步研究发现，融资需求强烈并且受到融资约束程度越高的公司，注册制对其财务信息披露质量的改善作用更加明显，本次注册制改革的初衷正是希望为实体企业拓宽融资渠道，为急需发展资金的公司提供资金支持，结果表明本次改革正在按照政策预想的路径落实；(3) 注册制下，IPO 公司的信息披露行为受到其公司及其外部宏观环境以及金融中介机构的显著影响。公司治理水平方面，注册制改革对于公司治理水平较低的公司的财务信息披露质量的提升作用更加明显，表明注册制改革作为外部治理机制，能够有效弥补内部治理机制缺乏对信息披露质量造成的负面影响；外部治理环境方面，注册制的政策效应在市场化进程更高、法治水平更高的地区表现得更加明显；金融中介机构的监督方面，注册制改革对于公司财务信息披露水平的提升作用在有私募持股的公司以及聘请更高声誉券商的公司中更加显著。

第 5 章　注册制改革与文本信息披露质量

本书的第 4 章检验了注册制改革对与 IPO 公司财务信息披露质量的影响。事实上，文本类信息占据了招股说明书的绝大部分版面，含有丰富的与企业价值相关的信息（Hanley & Hoberg，2010），仅仅从财务信息披露质量的角度考察注册制改革的成效显然不够全面。因此，本章将进一步从文本信息入手，着重考察注册制改革在 IPO 公司文本信息披露质量方面取得的成效。

5.1　引言

伴随着新经济的发展，财务信息的决策价值不断受到挑战，非财务信息越来越受到投资者、监管者的重视（FASB，2001）。文本类信息作为非财务信息的重要组成部分，占据了招股说明书的绝大部分版面，提供了关于企业未来发展的规划与期望、企业创新以及潜在的风险方面的信息，能够从更多的方面而不仅仅是从财务信息为代表的"硬信息"向市场传递与企业价值相关的信息，因此也有人将文本类信息这类"软信息"看成是"企业将来业绩的先行指示器"。真实、准确、完整的财务数据加上充分、客观且易于理解的文本类信息对识别 IPO 企业的公司价值至关重要，也是提升 IPO 定价效率和资本市场资源配置效率的关键。现有研究发现，招股说明书文字表达部分在信息含量（Hanley & Hoberg，2010）、信息模糊性（Arnold et al.，2010）、管理层语调（Ferris et al.，2013；Loughran & McDonald，2013；Brau et al.，2016）等方面均对发行人和市场投资者之间的信息不对称产生影响，进而对市场投资行为产生显著影响。

强化对文本类信息的信息披露的监管与审核同样是本次注册制改革的重点，在上海证券交易所审核的过程中，对招股说明书中文本类信息的关注程度显著提高。本章将对注册制下 IPO 公司招股说明书中的文本类信息披露特征展开研究，对比注册制下 IPO 公司文本类信息披露相对于核准制下 IPO 公司文本类信息披露质量的变化。参照现有文献对文本信息度量的维度，本章从招股说明书的文本可读性、文本内容、文本语调等角度，研究相比于核准制下的 IPO 公司，注册制改革后的 IPO 公司招股说明书的文本类信息呈现出哪些具体的变化。具体研究思路如图 5-1 所示。

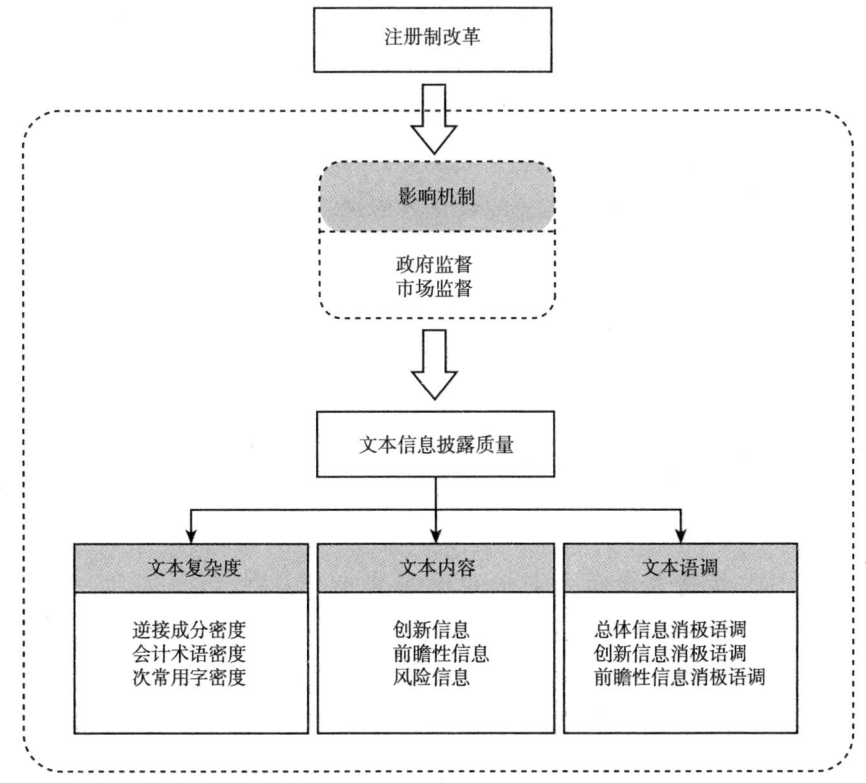

图 5-1　第 5 章研究框架

本章的研究贡献包括以下3个方面：

（1）本章丰富了IPO公司上市前信息披露质量的衡量和评价方法，为公司信息披露质量的研究拓展了新的思路。过往对于IPO公司的信息披露质量的研究基本围绕财务类信息展开，较少关注文本类信息。基于机器学习的文本分析法，本章从可读性，文本内容的前瞻性信息含量、创新信息含量、风险信息含量，文本语调多角度对IPO公司上市前的文本信息披露质量进行了较为全面的衡量和评价。

（2）本章证明了注册制改革与IPO公司上市前文本信息披露质量的关系，丰富了公司信息披露质量的相关研究。现有研究认为外部监督会显著影响IPO公司的财务信息披露行为（Ball & Shivakumar, 2008），本章以新股发行注册制改革为契机，研究政策及监管环境的外生性变化对IPO公司在上市前的文本信息披露质量的影响，研究证明，当外部监管环境更加严厉的情况下，文本可读性、文本内容信息含量、文本语调均会发生显著变化。

（3）本书的研究具有一定的实践意义。当前我国处于注册制试运行转向全面实施的关键时期，现有政策的实施深化对于进一步深化注册制改革具有重要参考，本书的研究结果可以为注册制改革的深化提供有益借鉴，监管层应当坚定不移地沿着当前的改革方向继续推进，确保政策能够得到持续有效的落实。

5.2 理论分析与研究假设

5.2.1 注册制改革与招股说明书文本可读性

信息披露简单、易于理解和解读十分重要，金融文本的可读性指的是公司信息的阅读者和使用者能够有效从文本报告内容中获取具有价值相关性的信息的能力，这也是公司信息披露质量的重要体现（Loughran & McDonald, 2014）。根据 Bloomfield（2002）所提出的不完全披露假说（Incomplete Revelation Hypothesis，IRH），阅读者的信息提取成本越高，信息就越难以被市场正确、有效地吸收，并公允地反映到价格中。大量文献证明了文本可读性会显著影响企业与投资者之间的信息不对称（eg. Li，2008；Loughran & McDonald，2014；陈霄等，2018；王克敏等，2018），具有较高的价值相关性（Barron & Karpoff，2004；周佰成和周阔，2019）。

从信息披露动机看，公司有动机影响或者操控文本类信息。具体而言，包括了信息供给假说和信息模糊假说。根据信息供给假说，公司内外部因素都会对信息披露产生信息供给动机。当公司面临更大的监管和诉讼风险时，公司会提升文本可读性来应对法律合规风险（Nelson & Pritchard，2007），从而提升了文本信息含量（Bonsall et al.，2013）；公司同样可能通过提升可读性向投资者提供有价值的信息，清晰明了的信息能够增加投资者获取的信息，使投资者相信他们对企业价值的判断，从而带来更高的股票交易量（Barron & Karpoff，2004）。信息模糊假说认为，如果市场信息传递效率较低，那么公司在面临业绩下滑的处境下，很可能通过在财务报告中采用更加模糊的表述来隐瞒公司的负面消息（Li，2008）。

本次注册制改革中，一方面，从发行审核环节看，交易所强调 IPO 公司发行申请文件的可理解性，即在审核的过程中，监管层将会关注各类材料是否采用简明易懂的词语和句式进行表达，能否有利于一般投资者进行阅读和信息筛选。另一方面，由于采用市场化的发行定价机制，公司将与价值相关的信息以更容易理解的方式向投资者传递，有利于提升企业受到投资者认可的概率，提升发行成功的概率。改革中外部环境的变化更加符合信息供给假说所模拟的情景，即一方面，监管层加大了监管和处罚力度，使得公司面临较高的法律合规风险，公司需要提升文本可读性从而降低法律合规风险；另一方面，发行定价权回归市场投资者，公司有足够的动机通过提升文本可读性，降低投资者获取信息的成本，从而提升发行成功的概率。

因此，我们预期，相较于核准制下的上市申请文件，注册制下的上市申请文件的可理解性将显著提高，即招股说明书的可读性将显著提升。基于以上分析，我们提出如下假设：

假设 5-1：注册制改革后，IPO 公司招股说明书可读性显著提升。

5.2.2 注册制改革与招股说明书文本内容

5.2.2.1 注册制改革与创新信息披露

企业创新活动是企业获得核心技术进步,在未来市场竞争中树立竞争优势的关键活动,也与公司价值的高低息息相关。市场投资者同样十分关注企业的创新投入,因此,企业传递出的创新信息会显著影响投资者对企业价值的判断(Hall,1993;Bosworth & Rogers,2001;Gelb,2002;Han & Manry,2004;李丹蒙和夏立军,2008)。创新信息主要通过两种形式进行披露:一种是企业会计准则要求的 R&D(Research & Development,R&D,指研究与开发)信息,但准则具有较大弹性,使得上市公司年报所披露的 R&D 信息并不能够准确反映企业的创新投入的实际情况。第二种是 IPO 招股说明书、上市公司年报中所披露的对公司创新行为进行的描述。因此,当 R&D 的信息不够充分时,关于公司创新活动的文字性描述将形成有效的补充,有利于加深投资者对于企业创新能力的理解。

从外生制度约束看,注册制下,监管层强化了对于企业核心技术等相关情况的审核,要求企业更加充分、详细地披露其核心科技及竞争力,以及未来持续的科技研发投入等信息,企业受制于监管压力,会在招股说明书中披露更多与创新相关的信息。从内生动力因素看,根据信号传递理论,创新行为的信息披露是企业向市场传递竞争优势的信号(James et al.,2009),一方面可以阻止其他企业的研发竞争,另一方面还可以提高企业声誉,为企业的项目研发募集资金(王新红等,2010)。注册制改革中,发行是否成功、定价高低、募资规模的大小更多由市场投资者主导,投资者十分关注企业的创新信息,其披露的充分性将对企业的发行定价产生重要影响。因此,企业为了发行成功、募集更多资金,也有充分的动机进行科技创新相关信息的披露。

基于以上分析,本章提出如下假设:

假设 5-2-1:注册制改革后,IPO 公司科技创新相关信息显著增加。

5.2.2.2 注册制改革与前瞻性信息披露

企业的信息披露中,不仅包含了关于企业当前状况的信息,还包括了对于未来发展的信息,即前瞻性信息。学者们逐渐关注前瞻性信息的价值相关性。企业年报中与未来盈余相关的前瞻性信息可以帮助市场更准确地预测下期的盈余变化(Hussainey et al.,2003;Schleicher et al.,2007;Hussainey & Walker,2009)。现有研究主要关注了企业年报的前瞻性信息披露,发现管理层讨论与分析部分(MD&A)的前瞻性信息可以缓解投资者、分析师等外部信息使用者与上市公司之间的信息不对称(Bryan,1997;贺建刚等,2013;Muslu et al.,2014),帮助投资者更好地预测公司未来的业绩(Cole & Jones,2004;薛爽等,2010;蒋艳辉和冯楚建,2014)和股票价格(Eli & Baruch,1996),有助于提高分析师预测的准确性,降低预测的误差(Clarkson et al.,1999;Barron et al.,1999),减小市场对会计盈余中应计项目的错误定价(Li,2010)。前瞻性语句的数量越多,盈余公告后的正向累积超额收益越大、投资者之间的信息不对称程度越小、企业的不确定性也越低,从而表明前瞻性语句能够向投资者传递增量信息(Bozanic et al.,2014)。

招股说明书作为新股发行市场 IPO 公司信息披露的主要手段,既包含了公司过去的财务状况、经营成果、所有权情况、市场竞争等历史性信息,同样也包括了关于公司所处行业的未来发展趋势、公司的发展机会、技术成长空间、未来竞争格局演变等前瞻性信息。在核准制下,监管层负责公司的价值判断,市场投资者并不关注发行人所披露的与公司未来发展相关的信息,发行人也没有足够动力充分披露其公司未来的规划与发展空间。根据注册制改革的制度安排,监管层重点负责监管 IPO 公司的信息披露,将公司价值判断的权力交还给市场投资者,投资者根据其掌握的信息对 IPO 公司进行价值判断并给出报价,将会影响到其自身的投资利益。这会显著加强外部环境对于 IPO 公司前瞻性信息披露的关注度。由于公司本身高科技、高成长、高风险的特征,其公司价值主要取决于未来的发展空间,公司在招股说明书中的前瞻性信息披露是否充分,将显著影响投资者对公司价值的判断和投资决策,进而决定了公司能否成功发行上市,以及发行定价如何。因此,IPO 公司为了获得投资者的认可,提升成功发行的概率,有动机披露更多的公司未来发展信息。

基于以上分析,本章提出如下假设:

假设 5-2-2：注册制改革后，IPO 公司招股说明书中的前瞻性信息将显著增加。

5.2.2.3 注册制改革与招股说明书风险信息披露

风险信息同样是投资者进行资产定价时需要考虑的关键要素。美国证监会要求公司在上市前必须充分披露其所面临的风险，美国公司的招股说明书的风险披露经常多达 15 项，叙述详实，条理有序，所包含的风险因素通常可以分为业务风险、法律风险、经营风险、财务风险、政治风险和宏观风险等，并且会充分分析这些风险可能导致未来现金流和盈余下降的关系，并列举自身竞争劣势和对手的竞争优势，以及由此带来的市场或利润的下降可能。现有研究也证明了招股说明书中的风险要素披露具有价值相关性（Balakrishnan & Bartov，2011），会显著影响资本市场定价效率（Beatty & Welch，1996；Hanley & Hoberg；2010）。

在中国资本市场中，同样有研究证明中国 IPO 公司的先验不确定性与 IPO 抑价存在正相关关系（Su，2004），这表明，如果需要提高一级市场的定价效率，在 IPO 的过程中进行充分的风险提示以降低发行人的先验不确定性十分重要。现有研究也证明了这一点，即 IPO 公司的重大风险提示有助于降低 IPO 抑价程度（郝项超和苏之翔，2014），提升 IPO 成功的概率（姚颐和赵梅，2016）。从公司披露意愿看，未来业绩较差的公司相对于业绩较好的公司有更强的披露意愿，而这种意愿是为了规避行政处罚，而不是基于诚实。

在我国新股发行制度的改革进程中，监管层就十分重视关于企业相关风险因素的披露。2003 年，证监会要求 IPO 公司在招股说明书中必须披露企业的风险因素，这标志着风险披露由自愿性信息披露变为强制性信息披露。但是在核准制下，IPO 资格是市场的稀缺资源，获得 IPO 的成功对于公司发展来说是重大突破和机遇，因此，IPO 公司为了提高过会的概率，往往有较强的动机在 IPO 过程中积极采取一系列措施隐藏或者消除与公司价值有关的负面消息，从而最大限度地降低负面信息对公司价值以及管理层自身利益的伤害，这客观上降低了 IPO 公司披露风险因素的动力。同时，我国的法律环境尚不健全，违法成本较低，因此也没有外在强制力能够监督上市公司对于风险因素进行有效披露。

注册制改革中，从动力看，充分的信息披露是注册制改革的核心，监管层强调风险因素的信息披露必须叙述详实,不能泛泛而谈,需要对风险产生的原因以及对发行人的影响程度进行充分揭示,并且加大了发行人隐藏关键风险信息的监管处罚力度,因此,发行人为了规避监管处罚,有动力提升风险信息披露。从阻力看,多元化的上市标准使得上市资格不再稀缺,削弱了公司为了谋求过会而故意隐藏不利信息的动机,因此,发行人风险信息披露的阻力也在降低。

基于以上分析,我们提出如下假设:

假设5-2-3:注册制改革后,IPO公司招股说明书风险提示相关的信息显著增加。

5.2.3 注册制改革与招股说明书文本语调

5.2.3.1 文本信息语调的价值相关性

首先,研究发现,文本的语调对于金融资产的跨期收益率具有一定的预测作用(Boudoukh Richardson & Feldman,2013),学者们以上市公司电话会议和年报披露、新闻媒体报道为研究对象均证明了这一结论。研究发现,年报中管理层披露所体现的乐观语调、电话会议上的积极程度都与股票收益率存在关联(Feldman et al.,2010;Price et al.,2012)。招股说明书中风险提示部分净正面词汇越多(正面词汇数量减去负面词汇数量),表示投行对公司未来前景越有信心,能够显著降低企业的IPO抑价率(Hanley & Hoberg,2010)。

其次,通过文本的语调还能够一定程度上分析公司当前和未来的经营状况(Allee & De Angelis,2015)。新闻媒体对公司的报道、公司的盈余公告、公司年报中的管理层讨论与分析、公司电话会议等文本信息中的语调经研究证明可以用来预期公司未来的运营状况与盈利状况,文本中负面信息越多,公司未来的业绩表现越差(Tetlock,Saar - Tsechansky & Macskassy,2008;Davis,Piger & Sedor,2012;Davis & Tama - Sweet,2012;Davis,Ge,Matsumoto & Zhang,2015)。

在新股发行市场中,IPO公司所披露的招股说明书是向市场传递与公司价值相关的重要信息的最重要途径之一。招股说明书中的数值信息、文本类信息都富含大量的有用信息。文字表达方式、措辞的选择是传递这些数值信息和文本类信息的载体，根据现有文献，这些文字中所传达出的语调同样具有价值相关性，会影响投资者对于公司的判断。已有研究发现，在信息披露时，信息披露的主体有对文本内容的语调进行管理的动机（Tone Management），人们在表达与风险相关的内容时，往往更倾向于通过消极的语调传递较高的风险。管理层在信息披露时，往往使用否定转折的消极词汇表达意料之外的态度（Clatworthy & Jones，2006；Feldman et al.，2010）；当企业的风险较低时，管理层盈余公告会偏向使用乐观积极的语调（David & Tama-Sweet，2012；Twed & Rees，2012）。

5.2.3.2 注册制改革与招股说明书语调

语调同样是"双刃剑"，由于信息不对称的存在，公司出于上市融资的需要，通常具有足够的动机通过积极的语言表达向市场投资者传递公司强大的市场竞争力和广阔的发展空间，这可以增强投资者对公司的信心。但从反面看，过度乐观的语言表达容易夸大公司自身的真实价值，导致投资者高估"坏企业"，从而导致市场的资源配置功能失灵（Akerlof，1970；Grossman & Stiglitz，1980）。我国创业板和科创板的定位都是服务于高成长、高科技、高风险的中小企业，希望通过利用资本市场的直接融资渠道弥补间接融资带来的不足，推动这些企业获得长远发展，做大做强。因此，投资者在判断这些企业价值时，往往更加重视这些企业未来可能获得的发展。

但未来的信息具有高度不确定性和无法验证性。未来信息的无法验证性给了公司在信息披露中管理语调的空间和机会。公司为了获得更高的估值、募集更多的资金，更有动机通过积极的语调影响投资者。但如果过分夸大发展机会而隐藏潜在风险，就会造成信息披露的失真，不符合客观性原则，导致对投资者的误导。此外，除了招股说明书的整体语调外，招股说明书中的前瞻性信息和公司创新活动是与公司未来发展最直接相关的部分，因此，这两部分的信息表达也将对投资者产生重要影响。

前瞻性信息方面。有学者发现上市公司年报中的前瞻性信息的"字数"和"内容覆盖面"均与企业盈余显著正相关（汪炜和袁东任，2014），但也有学者认为，我国上市公司披露的前瞻性语句的信息含量较低，并没有向市场投资者传递增量信息（程新生等，2013）。相比于上市公司，非上市公司的信息不对称程度更高，公司更有可能通过前瞻性语句的语调管理来影响投资者的判断。

创新信息方面。创新活动具有周期长、高风险、机密性高、专业性和不确定性强等特征。但创新是决定公司核心竞争力和未来价值的关键因素（Schumpeter，1934；Wind & Mahajan，1997；Rosenberg，2004），这一点对于创业板和科创板的公司来说尤其明显。公司关于创新活动的信息披露显然会影响投资者对公司未来价值的评价，因此公司同样有强烈的动机在创新信息披露部分通过语调管理来影响投资者的判断。创新信息可能因为公司基于多重披露动机，以及披露的非强制性导致披露数量和质量上良莠不齐，反而加剧资本市场的信息不对称，降低定价效率。

注册制改革中，监管层通过加强事前信息披露监管、提高事后处罚力度的方式，力求IPO公司能够提高信息披露质量，客观公允地反映与公司价值相关的重要信息，尤其是与公司相关的风险信息。除了在风险提示部分进行风险信息披露之外，消极语调是公司通过文本内容揭露企业风险、传递信息不确定信号的另一条重要途径。中国恰恰是一个更倾向于采用委婉方式传递消极信息的文化环境（Hall，1976），因此，即使公司的经营风险较高，公司也不会在招股说明书中平铺直叙地表达风险，而是采用更加间接的方式进行委婉表达。这也符合"建构理论"（Peter & Berger，1966）的基本观点，即采用消极的语调通过谨慎、保守的语义进行风险提示（Gregory & Mendelsohn，1993）。

因此，我们推测，注册制改革后，IPO公司在招股说明书中的消极语调预期会增加，尤其是与公司未来价值相关的前瞻性信息和创新信息中，消极语调会增加，从而避免由于过度乐观的语言表达对投资者的价值判断和投资决策产生误导。

基于以上分析，本章提出如下假设：

假设5-3-1：注册制改革后，IPO公司招股说明书总体预期中消极语调显著上升。

假设5-3-2：注册制改革后，IPO公司招股说明书前瞻性信息的消极语调显著上升。

假设 5-3-3：注册制改革后，IPO 公司招股说明书创新信息的消极语调显著上升。

5.3 研究设计与数据来源

5.3.1 基本研究思路

延续第 4 章的研究思路，本章的研究对象为 2019—2020 年科创板注册制下上市公司 IPO 招股说明书的文本类信息，为检验注册制改革对上市公司 IPO 招股说明书文本类信息披露特征的影响，需要比较注册制和核准制下上市公司 IPO 招股说明书文本类信息披露特征是否发生显著变化。因此，按照第 4 章的基本研究思路，将科创板注册制下的上市公司作为实验组，创业板核准制下的上市公司作为对照组，从文本可读性、文本内容和文本语调三个方面比较这两组样本的 IPO 招股说明书文本类信息披露特征是否存在显著差异。

5.3.2 数据来源及处理

本章样本为 2019—2020 年科创板注册制下的上市公司招股说明书相关数据，将该批样本设置为实验组。由于中国证监会在 2009 年 6 月发布《新股发行体制改革的意见》，提出了市场化、法制化的新股发行体制改革的总体改革思路，并且创业板的功能定位与科创板类似，也是支持从事高科技业务，具有高成长性、高风险性、成立时间较短、规模较小、业绩不突出的公司，而且上市要求相对宽松，因此，采用 2009 年 7 月—2020 年 7 月的创业板核准制 IPO 公司作为对照组，最后对实验组和对照组的样本公司的招股说明书进行文本分析，进而获取相关变量的数据。本章所用到的财务类数据主要来自 CSMAR 数据库与 Wind 数据库，文本类变量将在下文中详细介绍。

进一步，按照如下程序进行筛选：（1）剔除所有金融类上市公司样本；（2）剔除变量缺失的样本；（3）剔除 ST、*ST 的公司；（4）剔除招股说明书总字数小于 10000 字的样本，最终获得 569 个有效观测值。

5.3.3 主要变量说明

5.3.3.1 招股说明书的文本可读性

既有研究提出了 Fog 指数、Flesch-Kincaid 指数等衡量文本可读性的指标（e.g. Li，2008；DeFranco et al.，2015），但这些研究成果均是基于英语语境，并不适用于中文的招股说明书。本章借鉴王克敏（2018）的做法，同时采用文本逻辑和字词复杂性两个角度设计 3 个变量反映招股说明书的文本信息复杂性，分别为：逆接成分密度（Adverse）、会计术语密度（At_Density）、次常用字密度（Uc_Density）。

逆接成分密度（Adverse）。根据正常人的阅读习惯，文字描述中的逻辑关系层次越多，阅读的障碍则会越大（Pretorius，2006），因此，本书认为，招股说明书中的逻辑关系复杂程度越高，则可读性越低。具体衡量方法上，本书计算招股说明书中的逆接成分（"然而""但是""即使"等），这些逆接成分越多，则逻辑关系越复杂（廖秋忠，1986）。基于此，本书使用招股说明书的逆接成分密度（Adverse）衡量可读性，具体为每百字中包含逆接关系连接成分的个数。Adverse 值越大，表示招股说明书文本信息可读性越低。

会计术语密度（At_Density）。大量财务会计专业术语是招股说明书一个非常大的阅读障碍。专业术语同样会影响招股说明书的理解难度，本书基于灵格斯词霸（2008），采用会计术语密度（At_Density）衡量招股说明书文本的可读性，具体为每百字中包含会计术语个数（"减值""资本化""损益"等）。At_Density 值越大，表示招股说明书文本信息可读性越低。

次常用字密度（Uc_Density）。生僻字的出现同样会减弱招股说明书文本的阅读流畅性，基于《现代汉语次常用字表》（1988），本书选取次常用字密度（Uc_Density）衡量招股说明书文本的可读性，具体为每百字中包含的次常用字个数（"擎""棘""淤"等）。Uc_Density 值越大，表示招股说明书的文本信息可读性越低。

5.3.3.2 招股说明书的文本内容及语调

（1）招股说明书的创新信息。

创新是指在现有生产体系中引入一种新的生产要素新组合。具体来说，这种新的组合包括以下几类：①引进新产品；②引用新技术；③开辟新市场；④控制原材料新来源（无论这种来源已经存在，还是第一次创造出来）；⑤实现任何一种新的组织结构（Schumpeter，1912）。本书确定创新相关的文本就是基于以上定义，具体选择依据如下：

1）基于关键词。

a. 技术创新投入阶段。

研发行为：研究、开发、研发费用、研发投入、探索、（建立、新设、设立）技术中心、引进、启动、研发中心、开发中心、技术研发等。科研人才：引进技术人才、引进专业人才、博士后、高新人才等。技术投入：新技术、新工艺、新技艺、新功能、优质品率、优化、改进等。

b. 技术创新产出阶段。

新产品：新产品、新产品线、新一代、新系统、新系列、新版、更新、新推出、升级、换代、产品开发、新应用、在研产品、新性能、新工艺、新设计、新包装等。新专利：研发成果、新专利、新发明、专利申请、专利获批等。

c. 非技术创新相关的关键词。

创新战略、模式创新、营销（组合）创新、新领域拓展、颠覆、革新、转型、差异化、多样化等。

2）基于定性分析。

a. 技术创新的判断原则。

会计准则中关于企业研究开发行为的描述通常为：为获得新的科学、技术知识从事的创造型调查、分析、实验，其目的在于发现新的知识，并利用这一知识开发新材料、新产品或新的技术，或者对现有的产品性能、质量作出改进。开发行为：将研究的成果转化为新的产品或工艺的一系列活动，包括概念的形成、样品的设计、新产品的测试、模型的建造、试验工厂的投入和运行。

专利法①中关于企业研究开发行为的成果通常描述为：发明行为、实用新型、外观设计。

b. 非技术创新的原则②。

包括但不限于以下几类。

盈利模式创新：公司寻找全新的方式（如溢价和竞拍）将产品和其他有价值的资源转变为现金。

网络创新：公司可以借鉴使用其他公司的现有技术、产品、渠道、品牌等。

结构创新：重新组织公司资产来创造价值。

流程创新：彻底改变以往的业务经营方式，使得公司高效运转，迅速适应新环境，最终获得领先市场的利润率。

服务创新：服务创新能使一个产品更容易被试用和享用，能够解决顾客遇到的问题并弥补产品体验中的不愉快，保证并提高了产品的功用、性能和价值。

渠道创新：包含了将产品与顾客和用户联系在一起的所有手段（如线上销售和线下体验相结合）。

品牌创新：品牌创新能够赋予顾客充分的身份认同感，有助于保证顾客和用户能够识别、记住产品，使其不容易被竞争对手替代。

（2）创新描述语句。

创新描述语句，是指 IPO 公司招股说明书中那些向投资者传递关于企业创新活动信息（Innovation Information）的语句。

为了实现对 IPO 公司招股说明书中创新文字的量化，本书利用计算机技术对招股说明书的文本内容进行逐句分析，并对每个句子单位③进行文本分类和情感分析。文本分类是指将创新描述语句与招股说明书中的其他语句

---

① 摘自《中华人民共和国专利法》第二条。
② 拉里·基利，瑞安·派克尔，布赖恩·奎因，海伦·沃尔特斯. 创新十型 [M]. 余锋，宋志慧，译. 北京：机械工业出版社，2014.
③ 本书将完整的句子作为分析单位，因为句子是传递完整语义的最小单位（Ivers，1991）。这一做法与现有文献一致（Li，2010；Bozanic，Roulstone & VanBuskirk，2014）。

区分开的过程，情感分析指的是判断招股说明书文本中每一个句子单位所包含的情感属于正向、中性还是负向的过程。为了实现这两个目标，同时考虑到招股说明书的份数有限对结果准确度的影响，本书采用统计学的分层抽样法，按照行业、板块和年份分层随机抽取出招股说明书和上市公司年度报告进行人工标注，即通过人工判断来确定每个句子是否属于：①创新描述语句，②非创新描述语句，③形似创新描述语句但实际不是的语句，④技术创新描述语句，⑤非技术创新描述语句，⑥正向情感的语句，⑦负向情感的语句。然后将符合条件的语句放入相应类别，形成7个训练数据集（Training Dataset）。

值得注意的是，有些句子中虽然出现了一些类似的表述，但实际上却不属于创新描述语句，具体包括：I. 包含创新词库里的词汇，但是实际上与企业创新活动并不相关的文本（房地产开发活动等）；II. 不是企业层面的创新，属于行业层面的创新。对于这些句子，我将其归为前述第③类训练数据集，计算机将把这些句子作为创新描述语句的反例来识别。

接下来，在现有文献（e.g. Cortes & Vapnik，1995；Platt，1998；Chang & Lin，2011）基础上，本书采用计算机学习领域目前较为成熟的一种分类算法——支持向量机（Support Vector Machine）来对人工标注的7个训练数据集进行运算，以最大化组间差异为运算目标，最终得到一个最优的文本分类模型。然后使用该模型对大样本招股说明书中的全部语句进行分类，最终得到每一份招股说明书中不同文本类别的句子数量。

与此同时，为了判断每个句子所包含的情感，本书采用了基于情感词典的判断法（e.g. Riloff & Shepherd，1997；Pang & Lee，2008）。该方法以预先给定的正向情感词典和负向情感词典为基础，结合语句中的否定词和程度副词进行分析，最终给出每个语句的情感倾向性。为了提高情感分析的准确度，本书还在常用情感词典的基础上，增加了通过训练数据集⑥和⑦所总结出的结合了招股说明书特点的正、负向情感词。例如，新增"机遇、贡献、完美"等作为正向情感词，新增"缺点、粗糙、淘汰"等作为负向情感词。

最终得到本章关于创新的关键变量，创新信息句子数量占比（Innovation)、创新信息消极句子数量占比（Neg_Innovation），具体计算方法如下：

$$Innovation = \frac{创新信息语句数量}{招股说明书正文文本中句子数量} \quad (5-1)$$

$$Neg\_Innovation = \frac{创新信息消极句子数量}{招股说明书正文文本中句子数量} \quad (5-2)$$

5.3.3.3 招股说明书的前瞻性信息

为了实现对招股说明书中前瞻性信息的量化，本章借助计算机技术对招股说明书的文本信息进行逐句分析，并对每个句子单位进行文本分类和情感分析。之所以将完整的句子作为分析单位，是因为句子是传递完整语义的最小单位（Ivers，1991）。这一做法与现有文献一致（Li，2010；Bozanic et al.，2014）。文本分类是指将前瞻性语句与其他语句区分开，并将前瞻性语句区分为行业层面的前瞻性语句和企业层面的前瞻性语句。情感分析是指判断这些前瞻性语句所包含的情感方向，通常情感方向包含了正向、中性以及负向三种。

为了实现这一目标，首先随机抽取招股说明书和上市公司年度报告进行人工标注，即通过人工判断来确定每个句子是否属于以下 4 种类别：①前瞻性语句，②非前瞻性语句，③正向情感语句，④负向情感语句，将符合条件的语句放入相应类别，形成 4 个训练数据集（Trainingdataset）。其中，最重要的步骤就是判断某个句子是否属于前瞻性语句，本章主要依据以下 3 个标准进行甄别：第一，观察某一个句子是否体现了公司管理层的预测行为，例如该句可能包含了"我们预计/预期/预测/估计/希望/看好"等表述。第二，观察某一句子中是否出现了未来时点，例如"届时、未来、将来、今后、明年、两年后、两年内、三年后、五年后"等词汇或短语。第三，观察某一句子是否暗示企业即将实施的活动，例如，以企业、公司、公司名称为主语的句子中出现"将、拟、可达、有望、计划、承诺、打算"等动词或副词。这三种情况既可能单独出现，也有可能同时出现在同一句子中。

但是仍然有例外情况，有些句子中虽然出现了一些看似具有前瞻性的表述，但实际上并不属于前瞻性语句，比如"企业将并购作为扩张的重要手段"等，这些语句似是而非，本章将其归为第⑤类语句。计算机将把这类句子作为前瞻性语句的反例来进行学习,这有助于提高机器识别的精度。

关于前瞻性信息情感语句的判断与创新部分基本相同,这里不再赘述。

最终得到本章关于创新的两个关键变量,前瞻性信息句子数量占比(Foward)、前瞻性信息消极句子数量占比(Neg_Foward),具体计算方法如下:

$$Forward = \frac{前瞻性语句数量}{招股说明书正文文本中句子数量} \quad (5-3)$$

$$Neg\_forward = \frac{前瞻性消极语句数量}{招股说明书正文文本中句子数量} \quad (5-4)$$

需要说明的是,招股说明书总体消极语调的计算方法与创新信息、前瞻性信息的消极语调的衡量方法一致,在此不再赘述。

5.3.3.4 招股说明书中风险信息的衡量

参考 Kravet 和 Mulsu(2013)、王雄元等(2017)、王雄元和曾敬(2019)的做法,本章采用两种方法对招股说明书中的风险信息进行衡量。具体如下:

第一,使用计算机程序进行关键词提取且定位时定位于关键词("风险""不确定""影响""波动"和"潜在")前段 5 个字,同时排除关键词前具有否定意义的词如"没有""无""低";计算招股说明书中出现的"风险""不确定性""影响""波动""潜在"的词汇数量。本书采用相对词频从而增强变量的可比性,即用风险相关关键词出现的次数除以招股说明书正文文本总字数衡量风险信息披露。计算公式如下:

$$Risk\_1 = \frac{风险关键词词频}{招股说明书正文文本中句子数量} \quad (5-5)$$

第二,考虑上述 5 个风险关键词当中,"风险"和"不确定"是最主要的风险关键词(Kravet & Muslu, 2013;王雄元和曾敬,2019),为了消除风险关键词范围过大产生的可能影响。因此,本章进一步用仅提取了"风险"和"不确定"这两个关键词的词频后的内容计算风险信息披露。计算公式如下:

$$Risk\_2 = \frac{调整后风险关键词词频}{招股说明书正文文本中句子数量} \quad (5-6)$$

5.3.3.5 其他变量

本章解释变量为注册制改革（Treat），控制变量方面，包括公司规模（Size）、资产负债率（Lev）、成长性（Growth）、总资产回报率（Roa）、大股东持股比例（Shareholder）、成立到上市的年限（Age）、承销商声誉（Ur）、是否有风投持股（Vc）、招股说明书正文文本中句子综述（Sentence）、总词数（Words）。具体的变量定义见如下表所示：

表 5-1　　　　　　　　变量定义一览表

变量类型	变量属性	变量名称	变量代码	变量说明
因变量	文本复杂性	逆接成分密度	Adverse	详见本章5.3.3
		会计术语密度	At_Density	
		次常用字密度	Uc_Density	
	文本内容	创新	Innovation	
		风险	Risk_1	
		前瞻性	Foward	
	文本语调	总体消极语调	Negative	
		创新消极语调	Neg_Innovation	
		前瞻性消极语调	Neg_Foward	
解释变量		注册制改革	Treat	注册制下的 IPO 样本公司取1，核准制下 IPO 样本公司取0
控制变量		公司规模	Size	样本公司 IPO 前1年资产总额的自然对数
		资产负债率	Lev	样本公司 IPO 前1年资产负债率
		成长性	Growth	样本公司 IPO 前1年营业收入增长率
		盈利能力	Roa	样本公司 IPO 前1年总资产报酬率
		大股东持股比例	Shareholder	样本公司 IPO 上市前第一大股东持股比例

续表

变量类型	变量属性	变量名称	变量代码	变量说明
控制变量		成立到上市的年限	Age	公司从成立到上市的年限
		承销商声誉	Ur	承销商综合排名前5为高声誉，取1，否则取0
		审计质量	Big4	会计师事务所为四大，取1，否则取0
		行业	Ind	行业虚拟变量，按证监会分类标准，以大类为准

5.3.4 实证模型设定

为对比检验注册制相较于核准制下的 IPO 上市公司招股说明书的非财务信息质量是否有显著提升，本章设定如下模型进行检验：

$$Y_{i,t} = \beta_0 + \beta_1 \times Treat + \sum \beta_j \times Controls_j + \varepsilon \quad (5-7)$$

其中，被解释变量分别为逆接成分密度（Adverse）、会计术语密度（At_Density）、次常用字密度（Uc_Density）、创新信息披露（Innovation）、前瞻性信息披露（Foward）、风险信息披露（Risk_1）、总体消极语调（Negative）；解释变量为注册制改革（Treat），其余为控制变量，i 表示企业，t 表示年份。

5.4 实证检验与结果分析

5.4.1 描述性统计

表 5-2 显示了本章主要的变量描述性统计情况。

表 5 - 2 描述性统计

变量	N	mean	sd	min	p25	p50	p75	max
Adverse	569	0.009	0.004	0	0.01	0.01	0.01	0.05
At_Density	569	1.109	0.212	0.6	0.98	1.11	1.22	3.65
Uc_Density	569	0.071	0.017	0.04	0.06	0.07	0.08	0.26
Innovation	569	0.3	0.038	0.085	0.276	0.298	0.324	0.414
Foward	569	0.235	0.034	0.169	0.213	0.229	0.250	0.431
Risk_1	569	0.005	0.001	0.003	0.004	0.005	0.006	0.016
Negative	569	0.029	0.008	0.013	0.024	0.027	0.032	0.115
Neg_Foward	569	0.012	0.005	0.004	0.01	0.011	0.014	0.08
Neg_Innovation	569	0.009	0.003	0	0.007	0.009	0.011	0.035
Sentence	569	8.176	0.317	4.419	8.045	8.181	8.336	8.932
Words	569	10.99	0.299	8.267	10.84	10.98	11.17	11.73
Treat	569	0.225	0.418	0	0	0	0	1
Size	569	20.15	0.867	18.47	19.62	20.02	20.55	25.47
Lev	569	0.309	0.116	0.045	0.227	0.308	0.395	0.671
Growth	569	0.217	0.303	-0.404	0.077	0.189	0.312	5.579
Roa	569	0.123	0.200	-4.385	0.09	0.125	0.166	0.397
Shareholder	569	0.35	0.121	0.01	0.257	0.342	0.427	0.663
Age	569	2.472	0.511	0.693	2.303	2.565	2.833	3.497
Ur	569	0.457	0.499	0	0	0	1	1
Vc	569	0.673	0.469	0	0	1	1	1
Big4	569	0.039	0.193	0	0	0	0	1

由表 5-2 可知，文本复杂性方面，逆接成分密度（Adverse）、会计术语密度（At_Density）和次常用字密度（Uc_Density）的均值分别为 0.009、1.109 和 0.071，标准差分别为 0.004、0.212 和 0.017，可见文本复杂性占比在样本公司中差异较大。

文本内容方面，创新信息披露（Innovation）、前瞻性信息披露（Foward）、风险信息披露（Risk_1）的均值分别为 30%、23.5%、0.5%，标准差分别为 0.038、0.034、0.001。这说明两方面问题：第一，创新信息和前瞻性信息在 IPO 公司招股说明书中占有重要的地位，而风险信息的占比仍然较低，也侧面说明了需要通过提升消极语调来进行间接风险提示；第二，创新信息、前瞻性信息、风险信息在 IPO 公司之间的披露水平差异较大。

文本语调方面，总体消极语调（Negative）、创新消极语调（Neg_Innovation）、前瞻性消极语调（Neg_Foward）的均值分别为 2.9%、0.9%、1.2%，标准差分别为 0.008、0.003、0.005，无论是总体消极语调还是创新、前瞻性消极语调在各 IPO 公司之间存在较大差异。

控制变量方面，招股说明书包含句子总数均值为 8.176，中位数为 8.181，最小值 4.419，最大值 8.932，标准差为 0.317。总词数均值为 10.99，中位数为 8.267，最小值为 10.84，最大值为 11.73，标准差为 0.299。这表明无论是总句子数还是总词数，样本公司的 IPO 招股说明书篇幅均存在较大差异。

其他变量方面与第 4 章基本一致，在此不再赘述。

5.4.2 相关性分析

表 5-3 显示了本章主要变量的相关系数矩阵。从表中可以看到，总体消极语句（Negative）、创新信息（Innovation）、总体前瞻性信息（Foward）、总体风险信息（Risk_1）、逆接成分密度（Adverse）与注册制改革变量 Treat 的相关系数分别为 0.344、0.235、0.117、-0.375、0.212，均在 1% 的水平上显著相关，与上文的预期一致，初步证明了本章的主要结论。其他所有相关系数的绝对值均不超过 0.6，表明变量之间并不存在严重的多重共线性。

表 5-3 相关系数矩阵

变量	negative	innovation	forward	adverse	RISK_1	treat	sentence	words	Size	Lev	Growth	Roa	Shareholder	Age	Ur	Vc	Big4
negative	1																
innovation	0.098**	1															
forward	0.293***	0.108**	1														
adverse	-0.132***	-0.141***	-0.014	1													
RISK_1	0.295***	-0.257***	0.143***	0.030	1												
treat	0.344***	0.235***	0.117***	-0.375***	0.212***	1											
sentence	0.002	0.084***	-0.127***	-0.389***	-0.029	0.405***	1										
words	0.180***	0.165***	0.051	-0.500***	-0.048	0.477***	0.880***	1									
Size	0.187***	-0.150***	0.076*	-0.242***	0.255***	0.347***	0.341***	0.388***	1								
Lev	-0.078*	-0.071*	0.017	0.039	-0.002	-0.104***	0.061	0.061	0.287***	1							
Growth	-0.127***	0.169***	0.032	0.046	-0.228***	0.019	0.047	0.029	-0.129***	0.107***	1						
Roa	-0.164***	0.082**	-0.062	0.165***	-0.240***	-0.255***	-0.172***	-0.211***	-0.532***	-0.453***	0.220***	1					
Shareholder	-0.138***	-0.114***	-0.128***	0.067	-0.069	-0.224***	-0.089**	-0.136***	-0.158***	0.075*	-0.059	0.138***	1				
Age	0.173***	-0.191***	-0.114***	-0.079*	0.232***	0.168***	0.138***	0.151***	0.233***	-0.107***	-0.257***	-0.155***	-0.018	1			
Ur	0.033	0.040	0.001	-0.058	0.029	0.173***	0.025	0.012	0.169***	-0.074*	0.032	-0.030	-0.041	-0.014	1		
Vc	0.051	-0.007	0.040	-0.053	0.030	0.160***	0.126***	0.112***	0.158***	-0.055	-0.026	-0.181***	-0.105**	0.076*	0.102**	1	
Big4	0.065	0.065	0.042	-0.142***	0.072*	0.266***	0.205***	0.184***	0.172***	-0.013	0.025	-0.148***	-0.036	0.049	0.124***	0.002	1

注:*、**、***分别代表10%、5%与1%显著性水平。

5.4.3 单变量分析

首先，本章先对核准制和注册制下的 IPO 公司的招股说明书的相关文本类信息特征进行单变量分析。表 5-4 显示了单变量分析的结果。

表 5-4　　　　　　　　　　单变量分析

变量属性	变量名称	变量符号	核准制		注册制		T 检验	Wilxcon 检验
			均值	中位数	均值	中位数	T 值	Z 值
文本复杂性	逆接成分密度	Adverse	0.01	0.01	0.007	0.01	9.734***	10.041***
	会计术语密度	At_Density	1.167	1.16	0.912	0.06	14.953***	10.864***
	次常用字密度	Uc_Density	0.073	0.07	0.063	0.005	6.381***	8.113***
文本内容	创新信息	Innovation	0.296	0.293	0.316	0.315	-5.728***	-6.005***
	前瞻性信息	Foward	0.233	0.228	0.243	0.234	-3.368***	-3.357***
	风险信息	RISK_1	0.004	0.005	0.005	0.01	-4.237***	-5.442***
文本语调	总体消极语调	Negative	0.027	0.026	0.033	0.033	-9.086***	-8.706***
	创新消极语调	Neg_Innovation	0.008	0.008	0.011	0.01	-8.494***	-8.174***
	前瞻性消极语调	Neg_Foward	0.011	0.011	0.015	0.014	-8.964***	-9.23***

注：*、**、***分别代表 10%、5% 与 1% 显著性水平。

文本可读性方面，通过 T 检验和 Wilxcon 检验结果，我们可以看到，核准制下的 IPO 招股说明书的逆接成分密度（Adverse）、会计术语密度（At_Density）和次常用字密度（Uc_Density），无论是平均数还是中位数均显著高于注册制下的 IPO 公司招股说明书，这说明在注册制改革后，IPO 公司的招股说明书的可读性方面显著提升，这与本章的假设 5-1 的预期一致，初步证明了注册制改革在改善招股说明书可理解性方面的成效。

文本内容方面，通过 T 检验和 Wilxcon 检验结果，我们可以看到，核准制下的 IPO 招股说明书的创新信息披露（Innovation）、前瞻性信息披露（Foward）、风险信息披露（Risk_1），无论是平均数还是中位数均显著低于注册制下的 IPO 公司招股说明书，这说明在注册制改革以后，IPO 公司的招股说明书中关于企业创新、未来发展和风险提示的信息均显著提升，这与本章的假设 5-2-1、假设 5-2-2、假设 5-2-3 的预期一致，初步证明了注册制改革在改善招股说明书文本内容方面的成效。

文本语调方面，通过 T 检验和 Wilxcon 检验结果，我们可以看到，核准制下的 IPO 招股说明书的总体消极语调（Negative）、创新消极语调（Neg_Innovation）、前瞻性消极语调（Neg_Foward），无论是平均数还是中位数均显著低于注册制下的 IPO 公司招股说明书，这说明在注册制改革后，IPO 公司的招股说明书的消极语调的成分显著上升，这与本章的假设 5-3-1、假设 5-3-2、假设 5-3-3 的预期一致。并结合上文对于文本内容的分析，IPO 公司在增加了创新信息、前瞻性信息的同时，消极语调也同步增加了，这一定程度上表明，注册制改革后，IPO 公司并没有明显利用夸大既有信息的语调管理手段对投资者进行误导，初步证明了注册制改革在改善文本语调方面的成效。

5.4.4 注册制改革与招股说明书文本可读性

本章使用模型 5-7 对注册制改革与 IPO 公司招股说明书文本可读性的关系进行检验。表 5-5 的第（1）列至第（3）列分别列示了多元线性回归结果。结果表明，注册制改革变量 Treat 与三个可读性指标的相关系数分别为 -0.002、-0.094、-0.006，均在 1% 的水平上显著负相关。这说明，注册制改革显著抑制了 IPO 公司招股说明书中的逆接成分密度、会计术语密度和次常用字密度，降低了招股说明书的阅读难度，证明了本章的假设 5-1。本次注册制改革对于信息披露的重要要求之一就是可理解性，要求 IPO 公司尽量使用直白、易懂的语言来描述公司的相关信息,从检验结果看,本次改革在 IPO 招股说明书可读性方面取得了显著成效。

表 5-5　　　　注册制改革与招股说明书可读性回归结果

变量	(1) Adverse	(2) At_Density	(3) Uc_Density
Treat	-0.002*** (-4.911)	-0.094*** (-10.648)	-0.006*** (-3.645)
Size	-0.000** (-2.329)	-0.018*** (-4.297)	-0.002*** (-3.105)
Lev	0.002 (1.141)	0.019 (0.603)	0.002 (0.304)
Growth	-0.000 (-1.120)	-0.021*** (-2.876)	-0.003** (-2.059)
Roa	0.002*** (4.193)	0.021*** (2.674)	0.004*** (3.131)
Shareholder	-0.001 (-0.726)	0.036 (1.427)	0.001 (0.171)
Age	0.000 (0.020)	-0.005 (-0.889)	-0.001 (-0.670)
Ur	0.000 (0.951)	0.009 (1.491)	0.002 (1.494)
Vc	0.000 (0.357)	-0.005 (-0.735)	-0.001 (-0.784)
Constant	0.000 (0.343) 0.019***	-0.020 (-1.597) 1.131***	-0.003 (-1.301) 0.117***
Industry FE	YES	YES	YES
r2_a	0.155	0.371	0.116
F	9.161***	40.64***	13.07***
N	569	569	569

注:*、**、***分别代表 10%、5% 与 1% 显著性水平;小括号内为异方差稳健并在公司层面进行聚类调整后的 t 统计值。

5.4.5 注册制改革与招股说明书文本内容

本章将从创新信息披露、前瞻性信息披露、风险信息披露三个维度检验注册制改革对于招股说明书文本内容的影响。

5.4.5.1 创新信息（见表5-6）

注册制改革变量 Treat 与创新信息披露 Innovation 的相关系数为 0.082，在 1% 的水平上显著为正。这表明，在注册制改革后，IPO 公司的招股说明书中与创新有关的信息披露更加充分，证明了本章的假设 5-2-1。在注册制下，公司价值的判断权力由监管层转移给了市场投资者，而对于创业板和科创板的公司来说，创新能力对公司未来的发展空间产生重要影响，是投资者判断公司价值的重要因素。因此，在注册制下，公司为了获得更高的公司定价，提升发行成功概率，有足够的动机披露与公司创新相关的内容，这与注册制改革的初衷相一致。

表5-6 注册制改革与招股说明书创新信息披露回归结果

变量	Innovation
Treat	0.082***
	(6.181)
Size	-0.037***
	(-4.479)
Lev	0.053
	(1.089)
Growth	0.003
	(0.256)
Roa	0.026**
	(2.441)
Shareholder	-0.049
	(-1.221)

续表

变量	Innovation
Age	-0.039***
	(-3.964)
Ur	0.007
	(0.742)
Vc	-0.009
	(-0.862)
Sentence	0.020
	(0.529)
Big4	0.033
	(1.360)
Constant	4.090***
Industry FE	YES
r2_a	0.177
F	8.213***
N	569

注：*、**、***分别代表10%、5%与1%显著性水平；小括号内为异方差稳健并在公司层面进行聚类调整后的 t 统计值。

5.4.5.2 前瞻性信息方面（见表5-7）

注册制改革变量 Treat 与前瞻性信息披露 Foward 的相关系数为0.051，在1%的水平上显著为正。这表明，在注册制改革后，IPO 公司的招股说明书中与公司未来发展相关的信息披露更加充分，证明了本章的假设5-2-2。对于创业板和科创板的公司来说，公司所处的行业发展机会、公司所能争取到的发展空间是公司价值的重要影响因素，这些因素甚至超过公司当前数据所展现出的经营状况。投资者投资这种类型的公司的动机也是希望能够分享公司未来成长中获得的红利。因此，前瞻性信息披露越充分，更有利于投资者看清楚行业与公司未来的发展方向，从而做出价值判断和投资决策。

表 5-7　注册制改革与招股说明书前瞻性信息披露回归结果

变量	Foward
Treat	0.051***
	(3.279)
Size	0.028***
	(3.444)
Lev	-0.001
	(-0.022)
Growth	0.025*
	(1.859)
Roa	-0.058***
	(-4.325)
Shareholder	-0.121***
	(-2.759)
Age	-0.033***
	(-3.211)
Ur	-0.015
	(-1.401)
Vc	0.009
	(0.732)
Sentence	-0.150***
	(-5.515)
Big4	-0.007
	(-0.208)
Constant	3.967***
Industry FE	YES
r2_a	0.155
F	8.088***
N	569

注：*、**、*** 分别代表 10%、5% 与 1% 显著性水平；小括号内为异方差稳健并在公司层面进行聚类调整后的 t 统计值。

5.4.5.3 风险提示信息

注册制改革变量 Treat 与风险信息披露 Risk_1 的相关系数为 0.034，在 1% 的水平上显著为正。这表明，在注册制改革后，IPO 公司的招股说明书中，与风险有关的信息披露更加充分，证明了本章的假设 5-2-3。创业板和科创板的公司大都处于产业生命周期的成长期，这个阶段的公司成长速度快、创新能力强、未来发展空间大，但是同样也面临着行业和市场的众多不确定性，具有高风险的特征。因此，风险因素对于判断公司价值具有重要意义。投资者除了关注公司当前的业务经营状况、盈利能力、创新能力之外，也需要了解公司面临的风险，从而做出价值判断。在注册制下，公司价值判断的权力掌握在市场投资者手中，但公司同样面临严格的事前监管和事后处罚措施。因此，IPO 公司为了能够获取成功上市的融资机会，同时为规避上市之后业绩爆雷导致的巨额监管处罚，有足够的动机更加充分地披露公司的风险信息。风险信息披露越充分，越有利于投资者做出理性的价值判断，从而提高资本市场的资源配置效率，这也是本次注册制改革的重要目标。从实证检验结果看，注册制改革的确提高了 IPO 公司的风险信息披露的充分性。

为了提升风险度量的准确性，根据前文的描述，本书的风险信息披露充分性采用的是"风险""不确定""影响""波动""潜在"作为风险关键词，用这五个词的词频占全文的比重作为风险信息披露的代理变量，但事实上，这 5 个词当中，"风险"和"不确定"是最主要的风险关键词（Kravet & Muslu，2013；王雄元和曾敬，2019），从而消除风险关键词范围过大产生的可能影响。因此，本章进一步用仅提取了"风险"和"不确定"这两个关键词的词频后计算的风险披露充分性与注册制改革变量 Treat 放入模型中进行检验，表 5-8 第（2）列显示了回归结果，注册制改革变量 Treat 与风险信息披露 RISK_2 的相关系数为 0.032，在 1% 的水平上显著为正，再次证明了注册制改革后，IPO 公司在招股说明书中对投资者所做的风险信息披露的确更加充分，也进一步证明了本结论的稳健性。

表 5-8　　注册制改革与招股说明书风险信息披露回归结果

变量	(1) Risk_1	(2) Risk_2
Treat	0.034*** (4.491)	0.032*** (4.302)
Size	0.022*** (4.990)	0.022*** (5.002)
Lev	-0.027 (-0.945)	-0.027 (-0.961)
Growth	0.003 (0.298)	0.004 (0.339)
Roa	-0.026*** (-2.611)	-0.028*** (-2.746)
Shareholder	-0.038* (-1.660)	-0.038* (-1.672)
Age	0.016*** (3.280)	0.016*** (3.318)
Ur	-0.004 (-0.733)	-0.003 (-0.640)
Vc	-0.000 (-0.074)	-0.000 (-0.000)
Words	-0.092*** (-4.204)	-0.094*** (-4.295)
Big4	-0.010 (-0.797)	-0.011 (-0.870)
Constant	0.034***	0.032***
Industry FE	YES	YES
r2_a	0.228	0.231
F	7.912***	7.523***
N	569	569

注：*、**、*** 分别代表 10%、5% 与 1% 显著性水平；小括号内为异方差稳健并在公司层面进行聚类调整后的 t 统计值。

5.4.6 注册制改革与招股说明书文本语调

本章使用模型 5-7 对注册制改革与 IPO 公司招股说明书文本语调的关系进行检验。其中，第（1）列检验的是注册制改革与 IPO 公司招股说明书总体消极语调的关系；第（2）列检验的是注册制改革与 IPO 公司招股说明书前瞻性信息部分消极语调的关系；第（3）列检验的是注册制改革与 IPO 公司招股说明书创新信息披露部分的消极语调的关系。表 5-9 报告了多元线性回归的结果。

表 5-9　注册制改革与招股说明书本书语调回归结果

变量	（1） 总体 Negative	（2） 前瞻性 Neg_Foward	（3） 创新 Neg_Innovation
Treat	0.145*** (7.309)	0.151*** (7.736)	0.124*** (7.053)
Size	0.023** (2.047)	0.038*** (3.403)	-0.016 (-1.647)
Lev	-0.116* (-1.674)	-0.161** (-2.313)	-0.090 (-1.470)
Growth	-0.007 (-0.279)	0.023 (0.829)	0.028* (1.715)
Roa	-0.095*** (-3.555)	-0.139*** (-5.972)	-0.060*** (-4.541)
Shareholder	-0.086 (-1.417)	-0.108* (-1.833)	-0.059 (-1.092)
Age	0.032** (2.253)	0.010 (0.699)	0.003 (0.221)
Ur	-0.006 (-0.398)	0.004 (0.266)	0.015 (1.208)
Vc	-0.008 (-0.508)	0.001 (0.041)	0.001 (0.094)

续表

变量	(1) 总体 Negative	(2) 前瞻性 Neg_Foward	(3) 创新 Neg_Innovation
Sentence	-0.158*** (-2.899)	-0.236*** (-4.198)	-0.069 (-1.336)
Big4	-0.039 (-0.996)	0.007 (0.169)	-0.014 (-0.410)
Constant	2.144*** (5.696)	1.991*** (5.158)	1.526*** (4.488)
Industry FE	YES	YES	YES
r2_a	0.196	0.267	0.141
F	10.07***	14.68***	10.61***
N	569	569	569

注：*、**、*** 分别代表 10%、5% 与 1% 显著性水平；小括号内为异方差稳健并在公司层面进行聚类调整后的 t 统计值。

总体文本语调方面，注册制改革变量 Treat 与消极语调 Negative 的相关系数为 0.145，在 1% 的水平上显著为正，证明了本章的假设 5-3-1。这说明，在注册制改革后，IPO 公司招股说明书中积极语调并未发生显著变化，而总体消极语调的比重显著上升，体现了经过注册制改革，招股说明书整体语调变得更加谨慎。

前瞻性信息方面，与公司创新活动相关的信息类似，关于公司未来发展的前瞻性信息在当下同样具有不可验证性，如果公司对未来的发展机会进行过度描述，即对公司未来的发展机遇描述过多，但对面临的风险却尽量避免提及，这同样可能对投资者产生误导。与上文所述创新信息披露的监管类似，本次注册制改革的重点是信息披露质量的审核与把关，对于未来的发展，无论是机遇还是风险，IPO 公司均应当本着"客观性"的原则进行充分披露。

从表 5-9 我们可以看到，注册制改革变量 Treat 与前瞻性消极语调 Neg_Foward 的相关系数为 0.151，在 1% 的水平上显著正相关，证明了本章的假设 5-3-2。回归结果表明，注册制改革后，IPO 公司关于公司未来发展的前瞻性信息陈述中，积极语调未发生显著变化，但消极语调显著增加。结合前文的检验结果，我们可以看到，注册制改革后，招股说明书的前瞻性信息内容变得更加丰富，并且 IPO 公司在表达这些前瞻性信息时，所采用的语调也相对谨慎。这样的信息披露行为变化使得投资者在阅读公司未来发展的信息时，既能够看到公司未来可能获得的发展空间，也能够看到在发展过程中伴随的风险。因此可以判断，注册制改革后，公司前瞻性的信息披露更加客观、公允和谨慎。

创新信息披露方面，创新活动本身具有高投入、高风险、高回报的特征，是公司核心竞争力所在，也是公司未来创收能力的根本保障，对公司未来的价值将产生重要影响。但未来创新活动在当下的价值具有不可验证性，因此，IPO 公司在招股说明书中对于公司创新的表达语调将会对投资者的价值判断产生显著影响。由于 IPO 公司总是希望能够获得更高的市场估值、募集更多的资金，往往倾向于披露更加有利的消息，而故意隐藏不利的消息。但这种行为使得公司披露的创新信息传递出一种过于乐观的态度，会加剧公司与市场之间的信息不对称，对投资者进行价值判断和投资决策产生误导。本次注册制改革的重点是信息披露质量的审核与把关，对于创新可能对公司起到的"双刃剑"作用，均应当进行充分的披露，这也是信息披露质量"客观性"的要求。

从表 5-9 我们可以看到，注册制改革变量 Treat 与创新消极语调 Neg_Innovation 的相关系数为 0.124，在 1% 的水平上显著正相关，证明了本章的假设 5-3-3。回归结果表明，注册制改革后，IPO 公司关于公司创新的信息陈述中，积极语调未发生显著变化，但消极语调显著增加。结合前文的实证检验，注册制改革后，IPO 公司招股说明书中的创新信息披露内容显著增加，并且整体语调变得更加谨慎。这种信息披露内容增加和语调保守的变化使得投资者在阅读公司有关创新的信息时，既能够看到研发创新对公司未来的成长所带来的积极影响，也能看到研发创新活动本身具有的高风险特征。因此，可以判断，注册制改革后，公司创新层面的信息披露更加客观、公允和谨慎。

5.4.7 稳健性检验

5.4.7.1 变换回归模型

由于本章选择的各类非财务信息披露质量的代理变量均大于 0，是典型的左截尾数据，为保证模型和估计系数有效性，本书采用 Tobit 模型再次检验注册制改革与 IPO 公司招股说明书的可读性（Adverse）、创新信息披露（Innovation）、前瞻性信息披露（Foward）、风险信息披露（Risk_1）、总体消极语调（Negative）。表 5-10 报告了回归结果，注册制改革变量 Treat 与可读性（Adverse）、创新信息披露（Innovation）、前瞻性信息披露（Foward）、风险信息披露（Risk_1）、总体消极语调（Negative）之间的相关系数依次为 -0.003、0.082、0.051、0.034、0.145，均在 1% 的水平上显著，相关性与前文主要回归结果保持一致，证明了本章主要结果的稳健性。

表 5-10　　　　　　　　　Tobit 模型回归结果

变量	可读性 Adverse	创新 Innovation	前瞻性 Foward	风险 Risk_1	总体语调 Negative
Treat	-0.003*** (-4.848)	0.082*** (6.351)	0.051*** (3.370)	0.034*** (4.614)	0.145*** (7.510)
Size	-0.001** (-1.995)	-0.037*** (-4.602)	0.028*** (3.538)	0.022*** (5.127)	0.023** (2.104)
Lev	0.002 (1.265)	0.053 (1.119)	-0.001 (-0.023)	-0.027 (-0.971)	-0.116* (-1.720)
Growth	-0.001 (-1.185)	0.003 (0.263)	0.025* (1.910)	0.003 (0.306)	-0.007 (-0.286)
Roa	0.004 (1.139)	0.026** (2.509)	-0.058*** (-4.444)	-0.026*** (-2.683)	-0.095*** (-3.653)
Shareholder	-0.001 (-0.879)	-0.049 (-1.254)	-0.121*** (-2.834)	-0.038* (-1.706)	-0.086 (-1.456)
Age	0.000 (0.088)	-0.039*** (-4.073)	-0.033*** (-3.299)	0.016*** (3.370)	0.032** (2.315)

续表

变量	可读性 Adverse	创新 Innovation	前瞻性 Foward	风险 Risk_1	总体语调 Negative
Ur	0.000 (0.910)	0.007 (0.762)	-0.015 (-1.440)	-0.004 (-0.753)	-0.006 (-0.409)
Vc	0.000 (0.538)	-0.009 (-0.885)	0.009 (0.752)	-0.000 (-0.076)	-0.008 (-0.522)
Sentence		0.020 (0.544)	-0.150*** (-5.667)		-0.158*** (-2.979)
Big4	0.019*** (3.606)	3.991*** (13.824)	3.945*** (16.689)	0.956*** (4.912)	2.013*** (5.553)
Words				-0.092*** (-4.319)	
Constant	0.019*** (3.606)	3.991*** (13.824)	3.945*** (16.689)	0.956*** (4.912)	2.013*** (5.553)
Industry FE	YES	YES	YES	YES	YES
r2_a	.	.	.	.	.
F	2.364***	12.85***	35.04***	96.51***	11.64***
N	569	569	569	569	569

注：*、**、*** 分别代表 10%、5% 与 1% 显著性水平；小括号内为异方差稳健并在公司层面进行聚类调整后的 t 统计值。

5.4.7.2 变换样本时间区间

正如第 4 章所述，我国在 2015 年之后，IPO 审核进度明显加快，监管重心也逐渐转移，本质上进入了由核准制向注册制过渡的过渡期，新股发行常态化，IPO 过会率较以往年度显著提升，在其他制度并未出现显著改变的情况下，政府的监管重点也逐渐向信息披露质量上转移。为了排除现有结果是由于早期 IPO 公司财务信息披露质量较低导致，进一步证明注册制改革对于 IPO 公司信息披露质量的提升作用，本章选择 2015 年以后的样本进行检验。表 5-11 展示了回归结果，注册制改革与 IPO 公司招股说明书的可读性（Adverse）、创新信息披露（Innovation）、前瞻性信息披露（Foward）、总体消极语调（Negative）之间的相关系数依次为 -0.003、0.089、0.055、

0.134，均在1%的水平上显著，与风险信息披露（Risk_1）的相关系数为0.023，在5%的水平上显著正相关，相关性与前文主要回归结果保持一致。该结果表明，本书的基准回归结果并不是由于早期IPO公司质量较低、近年来信息披露质量较高导致，而是因为注册制对于IPO公司非财务信息披露质量的提升，这进一步证明了本章主要结论的稳健性。

表5-11 变换样本区间后回归结果

变量	（1）Adverse	（2）Innovation	（3）Foward	（4）Risk_1	（5）Negative
Treat	-0.003*** (-5.002)	0.089*** (5.651)	0.055*** (3.126)	0.023** (2.566)	0.134*** (6.290)
Size	-0.000 (-1.463)	-0.025** (-2.333)	0.025** (2.437)	0.018*** (2.920)	0.010 (0.679)
Lev	0.001 (0.331)	0.053 (0.886)	0.052 (0.660)	0.017 (0.449)	0.045 (0.523)
Growth	-0.001 (-1.127)	-0.014 (-1.110)	0.023 (1.595)	0.013 (1.312)	0.017 (0.770)
Roa	0.002*** (3.050)	0.030*** (2.634)	-0.050*** (-3.568)	-0.019* (-1.923)	-0.075*** (-2.931)
Shareholder	-0.001 (-0.282)	-0.043 (-0.704)	-0.149** (-2.261)	-0.016 (-0.424)	-0.098 (-1.085)
Age	-0.000 (-0.461)	-0.032 (-1.524)	-0.070*** (-3.436)	0.021* (1.936)	0.049* (1.784)
Ur	0.001* (1.965)	-0.000 (-0.029)	-0.018 (-1.135)	-0.002 (-0.315)	0.001 (0.040)
Vc	-0.000 (-0.223)	0.007 (0.391)	-0.032 (-1.506)	-0.001 (-0.092)	-0.018 (-0.728)
Sentence		0.034 (0.745)	-0.168*** (-5.179)		-0.187*** (-2.689)
Big4	0.000 (0.354)	0.013 (0.479)	-0.008 (-0.216)	-0.001 (-0.075)	-0.022 (-0.503)
words				-0.097*** (-3.466)	

续表

变量	(1) Adverse	(2) Innovation	(3) Foward	(4) Risk_1	(5) Negative
Constant	0.019*** (3.060)	3.695*** (10.442)	4.304*** (14.838)	1.055*** (4.121)	2.559*** (5.575)
Industry FE	YES	YES	YES	YES	YES
r2_a	0.158	0.242	0.232	0.187	0.200
F	6.046***	6.080***	8.822***	2.904***	5.924***
N	306	306	306	306	306

注：*、**、*** 分别代表10%、5%与1%显著性水平；小括号内为异方差稳健并在公司层面进行聚类调整后的 t 统计值。

5.4.7.3 采用 PSM 方法选择对照组

尽管创业板和科创板在设立之初，都是定位为中小企业，特别是具有高成长、高创新、高风险特征的中小企业服务，但是由于板块上市条件不同，企业基于自身条件，仍然会选择更加匹配自身条件、上市成功概率更大的板块进行 IPO 的尝试。创业板对于公司盈利规模、成长性等方面显然具有更高的要求，相比之下，科创板进行了放松，这导致两个板块企业在资产规模、盈利能力、成长速度、资产负债率、公司治理水平、行业等方面具有明显差异。

为了避免公司自身差异带来的信息披露选择问题，本章选择总资产（Size）、收入规模（Revenue）、营业收入增长率（Growth）、资产负债率（Lev）、董事会规模（Boardsize）以及行业作为变量，分别采用 K 近邻匹配和核匹配选择对照组，并重新检验注册制改革对于 IPO 公司上市前应计盈余管理的影响。表 5-12、表 5-13 显示了采用两种方法进行对照组选择之后的多元线性回归检验结果。

在 K 近邻匹配法下，注册制改革变量（Treat）与 IPO 公司招股说明书的可读性（Adverse）、创新信息披露（Innovation）、前瞻性信息披露（Foward）、总体消极语调（Negative）之间的相关系数依次为 -0.003、0.086、0.061、0.149，均在 1% 的水平上显著，风险信息披露（Risk_1）的相关系数为 0.025，在 5% 的水平上显著为正。在核匹配法下，注册制改革变量（Treat）与可读性（Adverse）、创新信息披露（Innovation）、前瞻性信息披露（Foward）、总体消极语调（Negative）和风险信息披露（Risk_1）之间的相关系数依次为 -0.003、0.082、0.058、0.026、0.151、均在1%的水平上显著。从回归结果可以看出，无论采用哪种匹配方式，均与本章的主要结论基本一致，进一步证明了本章主要结论的稳健性。

表5-12 注册制与文本信息披露质量回归结果（K近邻匹配）

变量	（1）Adverse	（2）Innovation	（3）Foward	（4）Risk_1	（5）Negative
Treat	-0.003*** (-4.325)	0.086*** (4.836)	0.061*** (2.867)	0.025** (2.352)	0.149*** (6.240)
Size	-0.000 (-0.313)	-0.019 (-1.530)	0.038*** (2.694)	0.022*** (3.228)	0.023 (1.298)
Lev	0.000 (0.183)	-0.060 (-0.710)	0.028 (0.248)	-0.001 (-0.030)	0.065 (0.583)
Growth	0.002 (0.799)	-0.001 (-0.012)	-0.019 (-0.321)	-0.035 (-1.404)	-0.092 (-1.471)
Roa	0.002*** (3.003)	0.013 (0.928)	-0.042** (-2.170)	-0.017** (-2.250)	-0.061** (-2.346)
Shareholder	0.002 (0.800)	-0.147* (-1.845)	-0.159* (-1.728)	-0.018 (-0.346)	0.029 (0.252)
Age	-0.000 (-0.373)	-0.023 (-0.898)	-0.096*** (-3.345)	0.022* (1.790)	0.022 (0.632)
Ur	0.001 (1.147)	-0.007 (-0.407)	-0.027 (-1.357)	-0.013 (-1.162)	-0.010 (-0.385)
Vc	-0.000 (-0.149)	0.005 (0.258)	-0.009 (-0.327)	0.007 (0.632)	0.042 (1.198)
Sentence		0.046 (0.842)	-0.201*** (-5.560)		-0.236*** (-2.741)
Big4	0.001 (0.565)	-0.022 (-0.623)	0.032 (0.593)	0.010 (0.572)	-0.044 (-0.737)

续表

变量	(1) Adverse	(2) Innovation	(3) Foward	(4) Risk_1	(5) Negative
words				-0.131*** (-3.743)	
Constant	0.011 (1.609)	3.512*** (8.055)	4.386*** (11.709)	1.361*** (4.198)	2.706*** (4.509)
Industry FE	YES	YES	YES	YES	YES
r2_a	0.117	0.254	0.267	0.276	0.247
F	4.506***	6.395***	6.669***	4.196***	5.728***
N	183	183	183	183	183

注：*、**、*** 分别代表10%、5%与1%显著性水平；小括号内为异方差稳健并在公司层面进行聚类调整后的 t 统计值。

表5-13　注册制与文本信息披露质量回归结果（核匹配）

变量	(1) Adverse	(2) Innovation	(3) Foward	(4) RISK_1	(5) Negative
Treat	-0.003*** (-4.545)	0.082*** (5.040)	0.058*** (3.102)	0.026*** (2.661)	0.151*** (6.766)
Size	-0.000 (-1.282)	-0.019* (-1.746)	0.029** (2.334)	0.021*** (3.161)	0.020 (1.202)
Lev	0.000 (0.097)	-0.011 (-0.158)	0.040 (0.432)	0.018 (0.446)	0.032 (0.332)
Growth	0.000 (0.210)	0.002 (0.095)	0.012 (0.294)	-0.010 (-0.345)	-0.009 (-0.118)
Roa	0.002*** (3.006)	0.014 (1.156)	-0.050*** (-3.246)	-0.015 (-1.568)	-0.073** (-2.538)
Shareholder	0.001 (0.245)	-0.149** (-2.215)	-0.175** (-2.259)	-0.016 (-0.353)	-0.037 (-0.344)
Age	-0.000 (-0.369)	-0.015 (-0.672)	-0.079*** (-3.450)	0.019* (1.689)	0.049 (1.648)
Ur	0.001 (1.262)	0.002 (0.115)	-0.024 (-1.249)	-0.007 (-0.722)	-0.012 (-0.529)

续表

变量	(1) Adverse	(2) Innovation	(3) Foward	(4) RISK_1	(5) Negative
Vc	0.000 (0.214)	0.006 (0.318)	-0.013 (-0.527)	0.010 (0.953)	0.029 (0.980)
Sentence		0.037 (0.746)	-0.184*** (-5.185)		-0.230*** (-2.999)
	-0.000 (-0.014)	-0.001 (-0.040)	0.009 (0.200)	0.017 (1.115)	-0.006 (-0.130)
words				-0.114*** (-3.428)	
Constant	0.018*** (2.718)	3.559*** (9.201)	4.380*** (13.264)	1.185*** (3.919)	2.674*** (5.083)
Industry FE	YES	YES	YES	YES	YES
r2_a	0.124	0.245	0.247	0.212	0.228
F	4.934***	7.653***	7.551***	3.362***	6.020***
N	233	233	233	233	233

注：*、**、*** 分别代表10%、5%与1%显著性水平；小括号内为异方差稳健并在公司层面进行聚类调整后的 t 统计值。

5.5 本章小结

除了以财务信息为代表的"硬信息"，IPO 公司招股说明书中所披露的文本类信息承载了大量与公司紧密相关的有用信息。其文本表达的可理解性、措辞的预期，以及对创新、未来、风险等重要方面的描述详细程度将会显著影响投资者对于公司价值的判断。本章利用注册制改革的实施这一自然实验平台，以核准制下的创业板公司和注册制下的科创板公司形成实验组和对照组，采用多元线性回归模型，研究了注册制改革在 IPO 公司上市前文本类信息披露质量方面取得的影响。

研究结果表明：总体来看，新股发行注册制改革的实施能够显著改善我国IPO公司在上市前的文本信息披露质量。具体来看：（1）从文本可读性的角度而言，注册制改革显著提升了IPO公司招股说明书的可读性，注册制下的IPO公司招股说明书更具有可理解性；（2）从文本内容看，注册制改革显著提升了IPO公司招股说明书中关于创新性信息、前瞻性信息、风险信息披露的充分性，这三部分信息具有高度的价值相关性，因此，该结果表明注册制显著提升了IPO公司信息披露的充分性，有利于降低公司与投资者之间的信息不对称；（3）从文本语调看，注册制改革后，无论是招股说明书的总体消极语调还是前瞻性信息、创新信息的消极语调均显著提升，这体现了注册制下的IPO公司对于公司未来的发展和核心竞争力表达更加趋于保守，有利于更加客观、公允地让投资者了解公司的各方面具体情况；（4）通过变换模型设定、变换样本选择时间区间、多重PSM方法矫正样本选择偏差进行稳健性检验之后，本章的主要结论依然成立，证明了本章研究结论的可靠性。

第6章 研究结论、启示与不足

本章共三部分，具体包括：本书的主要研究结论、研究启示与政策建议、本书存在的研究局限以及未来可能的研究方向。

6.1 研究结论

核准制这一带有"浓厚行政色彩"的新股发行制度存在其固有缺陷，已经无法适应我国未来经济的发展需要。2019年7月，中国新股发行注册制正式实施，标志着我国资本市场向市场化的方向迈出了实质性的一步。相比于成熟资本市场，这是注册制在中国这样的新兴资本市场的一次全新实践。本书采用定性和定量的方法，系统地对比了我国的注册制与核准制的差别、内地的注册制与中国香港注册制的差异、注册制对于IPO公司在上市前的财务信息披露质量、文本信息披露质量的影响。

本书第3章通过回顾制度的发展历程，借助委托代理理论分析框架诠释了注册制改革的原理，且详细对比了A股注册制与核准制的差别，以及A股注册制与港股注册制的异同，并通过案例分析的形式，对比检验不同制度下IPO公司的信息披露效果。通过对比研究，本章发现：

从A股注册制与核准制的对比我们可以看到，立法与监管理念方面：第一，注册制改革本质是新股发行权属性的变化，新股发行权由行政许可权变为了特殊的商事权；第二，注册制改革体现了我国信息披露理念以强制信息披露为主，自愿信息披露为辅；第三，本次注册制改革通过立法的方式，构建了我国资本市场多元主体的信息披露法律责任体系。信息披露制度及实践方面：第一，注册制更加强调投资者导向的信息披露，"新三性"是对"老三性"的发展；第二，发行审核流程从全部由证监会负责转变为证券交易所 - 证监会两层审核机制，新制度显著分担了证监会的审核压力，审核效率显著提高；第三，信息披露内容结构比重发生变化，关于未来发展的信息、风险因素、核心技术、投资者保护相关描述的占比明显增加，并且充分性得到显著提升。

从 A 股注册制与港股注册制对比我们可以看到，法律监管方面：第一，A 股市场法律文件规定对信息披露的规定和要求更加具体详细，针对欺诈发行等违法行为的处罚力度比港股更大；第二，港股的权力重心在香港联交所，侧重于自律管理，A 股的权力重心在中国证监会，侧重于行政管理；第三，中国香港证监会能够采用更加高效的法律救济权利维护投资者权益，而中国证监会的维权途径相对有限；第四，从社会监督力量看，中国香港的社会监督力量更加成熟，中国内地仍然有较大的成长空间。信息披露实践方面：第一，港股的信息披露相关性更强，逻辑更加清晰，且易于提取；第二，A 股的信息披露充分性更强，港股招股章程的信息相对较为简单。

本书第 4 章检验了注册制改革在 IPO 公司财务信息披露质量方面的成效。研究结果表明：第一，新股发行注册制改革的实施能够显著抑制我国 IPO 公司在上市前的应计盈余管理程度，证明了我国 IPO 公司在上市之前的财务信息披露质量有所提升，这一结论在通过变换模型设定、变换样本选择时间区间、多重 PSM 方法矫正样本选择偏差进行稳健性检验之后依然成立；第二，进一步研究发现，融资需求强烈的公司，注册制对其财务信息披露质量的改善作用更加明显，本次注册制改革的初衷正是希望为实体企业拓宽融资渠道，为急需发展资金的公司提供资金支持，结果表明本次改革正在按照政策预想的路径落实；第三，注册制下，IPO 公司的信息披露行为受到其公司治理及其外部环境以及金融中介机构的显著影响。公司治理水平方面，注册制改革对于公司治理水平较低的公司的财务信息披露质量的提升作用更加明显，表明注册制改革作为外部治理机制，能够有效弥补内部治理机制缺乏对信息披露质量造成的负面影响；外部治理环境方面，注册制的政策效应在市场化进程更高、法治水平更高的地区表现地更加明显；金融中介机构的监督方面，注册制改革对于公司财务信息披露水平的提升作用在有私募持股的公司以及聘请更高声誉券商的公司中更加显著。

本书第5章研究了新股发行注册制改革在IPO公司上市前文本类信息披露质量方面的成效。研究结果表明：总体来看，新股发行注册制改革的实施能够显著提升我国IPO公司上市前文本信息披露质量，并且在文本可读性、文本内容充分性、文本语调等多个维度，通过变换模型设定、变换样本选择时间区间、多重PSM方法矫正样本选择偏差进行稳健性检验之后，本章的主要结论依然成立。具体来看，第一，从文本可读性的角度而言，注册制改革显著提升了IPO公司招股说明书的可读性，这表明注册制显著降低了投资者对于IPO公司的信息提取成本；第二，从文本内容看，注册制改革显著提升了IPO公司招股说明书中关于创新性信息、前瞻性信息、风险信息披露的充分性，这三部分信息具有高度的价值相关性，因此该结果表明注册制显著提升了IPO公司信息披露的充分性；第三，从文本语调看，注册制改革后，无论是招股说明书的总体消极语调还是前瞻性信息、创新信息这些与公司未来发展相关的内容的消极语调均显著提升，这体现了注册制下的IPO公司对于公司未来的发展和核心竞争力表达更加趋于保守，有利于更加客观、公允地让投资者了解公司的各方面具体情况。

基于上述研究，本书可以得到以下几方面的结论：第一，注册制改革是我国资本市场领域的一次深刻而重要的制度创举。相较核准制，注册制从立法与监管理念、制度设计、制度执行等方面发生了全方位的改变，这将对整个资本市场的运行环境产生显著影响；第二，中国内地的注册制信息披露环境的治理仍然以政府为主导，外部市场自治组织和环境尚未成熟，但要进一步培育市场主体，优化市场治理环境，形成政府与市场主体相辅相成、良性互动的市场氛围；第三，本次注册制改革显著提升了IPO公司上市前的信息披露质量，这一提升作用不仅体现在财务信息披露质量上，还体现在文本信息披露质量上，但对于不同的公司个体和所处环境，政策效应仍存在显著差异。基于以上三点，本次注册制改革初步取得预期成效，但仍然需要坚持当前的改革方向，有针对性地优化制度设计，从而更好地发挥资本市场对我国实体经济转型升级的支持作用。

6.2 研究启示和政策建议

本书的研究结论对于政策制定者、市场投资者、IPO 公司和上市公司都具有重要的启示。

6.2.1 对政策制定者的启示

注册制改革是成熟资本市场在我国这样一个新兴资本市场的一次全新尝试。根据本书的研究结论,注册制改革显著提升了 IPO 公司上市前的信息披露质量,表明注册制改革在信息披露方面取得了初步成效,但仍然存在进一步优化和提高的空间。具体建议如下:

第一,研究结论表明本次注册制改革对于信息披露质量的提升作用具有异质性。监管层应当在后续的实践中更加关注公司治理水平较低、处于市场化和法治水平较低区域、处于行业竞争程度相对较低的公司的信息披露质量,同时加大培养各类金融中介机构的力度,发挥高质量的金融中介机构对公司的"认证作用",不断优化资本市场环境。

第二,应当进一步提升信息披露内容的相关性。对比研究和实证检验都证明注册制改革显著提升了 IPO 公司信息披露的充分性,但同样需要注意的是,大量的信息可能导致投资者被淹没在信息海洋中,增加了信息提取成本,降低了信息传递效率。考虑到 A 股招股说明书具有统一的格式规范,监管层可以参照港股招股章程的格式,对 A 股招股说明书的排版、内容安排等方面尽可能去粗存精,优化信息布局,将最具价值相关性的信息放在投资者更容易获取或更显眼的位置,并尽量删减冗长的无关信息,从而进一步提升文本内容的相关性。

第三,进一步强化投资者保护。修订后的《证券法》为集体诉讼等投资者保护渠道提供了法律依据,但在资本市场的实践过程中,维权成本高、维权实践长、维权程序不顺畅的情况仍然存在,注册制改革后,证监会能够在最短时间内保护中小投资者利益的机制和渠道尚未打通。因此,可以借鉴港股市场的做法,深化维权机制改革,确保集体诉讼、代为赔偿等投资者保护机制能够真正落地,使得对中小投资者的保护从法律条文落到现实。

第四,进一步强化市场自律组织的培养,优化资本市场自治环境。注册制的初衷是发挥市场在资本市场资源配置中的决定性作用。市场的主体不仅仅包括上市公司和投资者,还包括证券业协会、证券承销商、财务法律服务机构、证券分析师、财经媒体等众多主体。这些主体的行为都会对资本市场环境产生重要影响,监管层应当强化这些主体的责任意识,不断优化资本市场的市场治理机制,从而形成行政监管与市场治理的双重监督机制,不断优化市场环境,从而更好地提升资本市场的资源配置效率。

6.2.2 对各类公司的启示

注册制改革将发行新股进行融资的权力收回到公司手中,上市的条件更加包容,审核效率也明显提高。在注册制的总体制度设计中,监管层的角色、投资者权利、公司自身的权利和义务均发生了重大改变。为了更好地依托资本市场,抢抓发展机遇从而实现企业价值最大化,无论是 IPO 公司还是上市公司都应当从以下几个方面不断改进和提升:

第一,公司应当不断提升信息披露质量。无论是在一级市场还是在二级市场,信息披露质量的高低都对市场对于公司自身的定价和股票的流动性产生影响,这将进一步影响到公司的资本成本、股权再融资、并购重组等各个方面,对于公司能否平稳健康发展至关重要。同时,《证券法》加大了信息披露违法行为的处罚力度,公司作为信息披露第一义务人,面临着重大的违法风险和巨额处罚。因此,不断提升信息披露质量也有利于企业降低法律风险。

第二,注册制的实施对于公司来说既是机会,又是挑战。在国家大力推行资本市场制度改革、培育中长期资金积极入市的背景下,无论是非上市公司还是已上市公司,都应当抓住这一历史性机遇,结合企业自身业务发展和财务需要,制定合适的财务战略,通过资本市场进行高效直接融资,从而推动企业不断发展。但伴随注册制而来的是竞争的加剧,制度的改革带来了更多的融资机会,同样也使得退市机制逐步常态化,市场机制将发挥优胜劣汰的功能,不断带给市场新鲜血液,淘汰落后企业。因此,企业同样应当平衡公司发展与财务战略之间的关系,重视现金流管理,动态调整资本结构,在竞争中获取进一步发展。

6.2.3 对市场投资者的启示

对于投资者来说,注册制改革后,我国资本市场环境发生了深刻变化,各项法律法规和制度设计也显著发生改变,公司行为也发生明显变化,这些对于投资者的投资利益都会产生重要影响。基于本书的研究结论,对市场投资者的启示具体如下:

第一,投资者应当不断提高自身学习能力,跟上资本市场的发展步伐。制度方面,相比于核准制,注册制相关的法律法规、制度设计、交易规则都发生了重大改变,投资者应当仔细对比研究二者的区别,客观看待市场发生的变化,从而做出理性的投资决策。同时,注册制下,上市公司披露的信息内容大幅增加,投资者需要学习如何从大量信息中提取与公司价值最相关的信息,去粗存精,去伪存真,从而能够更好地进行价值判断。

第二,投资者需要提高风险意识,强化自我保护能力。修订后的《证券法》为投资者提供了多个维护自身权益的法律途径。在不断变化的市场环境中,投资者在抢抓市场投资机会的同时,也需要不断提高风险意识和法律意识,不断增强运用法律武器维护自身权益的能力。

6.3 研究不足及未来的研究展望

6.3.1 本书的研究不足

本书结合定性和定量的研究方法,通过案例分析与实证检验研究了注册制改革对于IPO公司上市前披露的影响。本书的研究对象较新，研究视角以及采用的具体研究方法均具有一定的探索性，因此难免存在一些不足之处。本节将总结本书研究存在的研究局限，并在此基础上介绍未来的研究问题和可能的探索方向。

第一，本书的研究对象较新，时间区间较短，研究结论主要针对当下科创板注册制的运行情况。2019年7月，我国设立科创板并试点注册制，时至2020年12月31日，科创板共计运行时间为1年半，上市公司数量较少。同时，这样的背景导致本书的检验模型中无法控制时间固定效应和公司固定效应，成为本书的一个缺憾。因此，本书现有的研究结论是基于当下运行情况和研究条件进行检验得出，可能无法发现注册制存在的一些潜在问题。注册制是成熟资本市场制度在中国的一次全新尝试，因此也难以较为全面地囊括与中国当前资本市场的发展程度可能存在的不适应、不匹配的地方。针对这个研究不足，还需要未来等待科创板运行更长一段时间才能进行更加全面、深入的研究。

第二，本书研究的领域局限于注册制改革中IPO上市前信息披露的制度变化以及对IPO公司上市前信息披露质量的影响。一方面，现有研究表明IPO前的信息披露将会对投资者、分析师等市场参与主体产生重要影响，进而带来各种可能的经济后果，本书尚未对这些经济后果进行研究。另一方面，注册制是一套完整的资本市场运行制度，覆盖了新股发行、上市交易、持续信息披露、股票退市等全流程环节。囿于篇幅，本书仅仅聚焦IPO上市前信息披露制度的变化以及对IPO公司在上市前信息披露质量的影响，而对于注册制下现有的上市公司持续信息披露行为是否发生变化、发生怎样的变化，以及这种变化可能带来的经济后果有待进一步研究。

第三，本书在研究文本类信息披露时借助了部分计算机技术，采用文本分析的方法进行分析，同样具有一定的局限：文本分析的人工标注技术和人工判断可能具有一定的主观性，其部分数据也不能完全复制，可能会使得结果存在一定的差异，但这种差异并不是由主观人为操作导致的，本书尽可能对文本分析的结果进行了多种方法的稳健性检验，从而确保本书研究结论的可靠性。随着计算机技术的进一步发展，相信在未来会有新的技术弥补现有方法的局限性，进行更高程度的研究。

6.3.2 未来研究展望

注册制改革是我国资本市场的一次重大改革创新，国家通过设立科创板并试点实施注册制，未来还将全面推行，这一资本市场基础制度的改革将对发行人、中介机构、投资者、信息中介等市场主体产生显著的影响。随着注册制的推广，未来仍然有丰富的问题值得研究：

第一，更多维度地检验注册制改革后，IPO 公司在上市前的信息披露的变化。根据本书的研究结论，注册制改革后，IPO 公司上市前信息披露质量发生了显著变化，但本书采用的研究指标主要是应计盈余管理程度、文本语调、文本内容和可读性等。但事实上，仍然存在更多其他角度可以就注册制改革对 IPO 公司上市前的信息披露行为的影响进行更加全面和深入的研究，比如数值类信息中的盈余稳健性、可比性等特征，文本类信息中的复杂语调、相似度等特征，以及数值信息与文本信息逻辑不一致性等特征。

第二，注册制改革后，IPO 公司在上市前的信息披露所带来的经济后果。根据现有研究，无论是财务信息还是文本信息均包含了与 IPO 公司价值相关的丰富信息，这对于股票一级市场和二级市场的定价效率产生重要影响。注册制改革的核心要义就在于提升信息披露质量，降低公司与投资者之间的信息不对称，最终使得资本市场的有限资源能够向最有价值的资产流动。因此，随着注册制在各个板块逐步推广和实施，未来可以就信息披露对资本市场可能产生的经济后果，以及在各板块之间存在的差异展开深入研究。

第三，注册制改革后，IPO 公司上市后的持续信息披露行为是否发生变化，可能发生怎样的变化，这些变化可能带来哪些经济后果。注册制是一套完整的资本市场运行制度，覆盖了新股发行、上市交易、持续信息披露、股票退市等全流程环节。对于在注册制下发行上市的公司，他们所遵循的监管制度、交易规则、市场投资者结构都发生了全方位的改变，在上市之后的持续信息披露是否发生变化、发生了怎样的变化，又可能产生怎样的经济后果，未来可以围绕 IPO 公司上市后的持续信息披露展开进一步研究。

第四，注册制改革后，存量上市公司的行为是否发生变化，会发生怎样的变化。注册制改革尽管是增量式的改革，但伴随着证券法的修订、注册制的逐步推广，政策改革的力度不仅仅停留在注册制实施之后的新上市公司，其效力将会覆盖整个市场，带来市场环境的整体变化。那么在全新的法律约束、政策导向的影响下，过去在核准制下上市的公司，其公司行为，如股利政策、资本结构、融资行为、企业创新等是否会发生改变，又将带来怎样的经济后果，未来可以围绕存量上市公司开展进一步研究。

以上问题的研究，都会帮助我们进一步了解注册制改革对于公司信息披露行为带来的影响及其可能产生的经济后果，并有利于及时总结注册制改革中的经验和教训，为我国资本市场不断加大改革创新力度、发挥资本市场对于实体经济转型升级的支撑作用提供有益借鉴。

参考文献

[1] 薄仙慧,吴联生.国有控股与机构投资者的治理效应:盈余管理视角[J].经济研究,2009,44(2):81-91,160.

[2] 卞世博,贾德奎,阎志鹏.招股说明书负面语调与IPO表现[J].系统管理学报,2020,29(6):1025-1033.

[3] 蔡春,李明,和辉.约束条件、IPO盈余管理方式与公司业绩——基于应计盈余管理与真实盈余管理的研究[J].会计研究,2013(10):35-42,96.

[4] 蔡宁,米建华.股权分置改革后盈余管理对IPO发行影响的实证研究[J].系统管理学报,2010,19(4):439-443.

[5] 陈冬华,章铁生,李翔.法律环境、政府管制与隐性契约[J].经济研究,2008(3):60-72.

[6] 陈共荣,李琳.IPO前盈余管理与抑价现象的实证研究[J].系统工程,2006(9):74-80.

[7] 陈胜蓝.财务会计信息与IPO抑价[J].金融研究,2010(5):152-165.

[8] 陈书燕.监管制度变革对IPO公司盈余管理的影响[J].山西财经大学学报,2006(S2):1-3.

[9] 陈祥有,万寿义.A股发行公司IPO前盈余管理与IPO后市场表现的实证研究[J].现代管理科学,2009(10):107-109.

[10] 陈霄,叶德珠,邓洁.借款描述的可读性能够提高网络借款成功率吗[J].中国工业经济,2018(3):174-192.

[11] 程新生,谭有超,程昱.前瞻性信息缓解了信息不对称吗?[J].

财经研究，2013，39（3）：42-52，63.

［12］代彬，彭程，郝颖. 国企高管控制权、审计监督与会计信息透明度［J］. 财经研究，2011，37（11）：113-123.

［13］窦欢，张会丽，陆正飞. 企业集团、大股东监督与过度投资［J］. 管理世界，2014（7）：134-143，171.

［14］董秀良，刘佳宁，满媛媛. 注册制下科创板首发定价合理性及高回报成因研究［J］. 上海财经大学学报，2020，22（6）：65-78.

［15］杜兴强，赖少娟，杜颖洁."发审委"联系、潜规则与IPO市场的资源配置效率［J］. 金融研究，2013（3）：143-156.

［16］段江娇，刘红忠，曾剑平. 中国股票网络论坛的信息含量分析［J］. 金融研究，2017（10）：178-192.

［17］方军雄. 信息公开、治理环境与媒体异化——基于IPO有偿沉默的初步发现［J］. 管理世界，2014（11）：95-104.

［18］冯延超，梁莱歆. 上市公司法律风险、审计收费及非标准审计意见——来自中国上市公司的经验证据［J］. 审计研究，2010（3）：75-81.

［19］高惠，韦玉龙，刘阳. IPO发行制度与信息披露质量——基于保荐制实施与否的比较［J］. 中国管理科学，2015，23（5）：23-31.

［20］顾曰国. 礼貌、语用与文化［J］. 外语教学与研究，1992（4）：10-17，80.

［21］郭海星，万迪昉，吴祖光. 承销商值得信任吗——来自创业板的证据［J］. 南开管理评论，2011，14（3）：101-109.

［22］郝项超，苏之翔. 重大风险提示可以降低IPO抑价吗？——基于文本分析法的经验证据［J］. 财经研究，2014，40（5）：42-53.

［23］郝旭光，韩松，马俊，贺小刚. 中国证券市场监管的博弈分析［J］. 财经科学，2012（3）：10-18.

［24］何佳，何基报，王霞，翟伟丽. 机构投资者一定能够稳定股市吗？——来自中国的经验证据［J］. 管理世界，2007（8）：35-42.

［25］何进日，武丽. 信息披露制度变迁与欺诈管制［J］. 会计研究，2006（10）：18-22，95.

［26］贺建刚，刘峰. 投资者保护与国际会计准则的采纳和执行——基

于产权和法律视角 [J]. 财经理论与实践, 2007 (3): 46-51.

[27] 贺建刚, 孙铮, 周友梅. 金字塔结构、审计质量和管理层讨论与分析——基于会计重述视角 [J]. 审计研究, 2013 (6): 68-75, 112.

[28] 黄方亮, 顾婧瑾, 齐鲁, 马辉. IPO 风险信息披露的内容分析与质量检验 [J]. 山东财政学院学报, 2013 (2): 5-10.

[29] 黄顺武, 胡贵平. 保荐制度、过度包装与 IPO 定价效率关系研究 [J]. 证券市场导报, 2013 (8): 23-30.

[30] 黄有为, 祁怀锦. 中国股市急速扩容与 IPO 公司盈余管理研究 [J]. 中央财经大学学报, 2014 (8): 60-68.

[31] 姜付秀, 王运通, 田园, 吴恺. 多个大股东与企业融资约束——基于文本分析的经验证据 [J]. 管理世界, 2017 (12): 61-74.

[32] 蒋艳辉, 冯楚建. MD&A 语言特征、管理层预期与未来财务业绩——来自中国创业板上市公司的经验证据 [J]. 中国软科学, 2014 (11): 115-130.

[33] 赖少娟, 杜兴强. 权力的"恶之花": IPO 中的寻租、审计市场异化与资本市场惩戒 [J]. 投资研究, 2012, 31 (12): 10-32.

[34] 李彬, 张俊瑞, 王鹏. 盈余管理的内在制约——基于会计弹性的实证研究 [J]. 管理学报, 2009, 6 (11): 1513-1517.

[35] 李丹蒙, 夏立军. 股权性质、制度环境与上市公司 R&D 强度 [J]. 财经研究, 2008 (4): 93-104.

[36] 李敏才, 刘峰. 社会资本、产权性质与上市资格——来自中小板 IPO 的实证证据 [J]. 管理世界, 2012 (11): 110-123.

[37] 李明, 赵梅. 投资者保护、寻租与 IPO 资源配置效率 [J]. 经济科学, 2014 (5): 47-61.

[38] 李云鹤, 李湛, 唐松莲. 企业生命周期、公司治理与公司资本配置效率 [J]. 南开管理评论, 2011, 14 (3): 110-121.

[39] 李自然, 成思危. 完善我国上市公司的退市制度 [J]. 金融研究, 2006 (11): 17-32.

[40] 廖筠. 中国证券市场中的"市场失灵"与"政府失灵" [J]. 中国国情国力, 2004 (6): 57-60.

[41] 林乐, 谢德仁. 分析师荐股更新利用管理层语调吗?——基于业绩说明会的文本分析 [J]. 管理世界, 2017 (11): 125-145, 188.

[42] 刘白兰, 李江涛. 政府掠夺、内部人合谋与公司治理——兼论中小投资者保护 [J]. 广东金融学院学报, 2010, 25 (3): 3-19.

[43] 刘立国, 杜莹. 公司治理与会计信息质量关系的实证研究 [J]. 会计研究, 2003 (2): 28-36, 65.

[44] 刘煜辉, 熊鹏. 股权分置、政府管制和中国IPO抑价 [J]. 经济研究, 2005 (5): 85-95.

[45] 柳建华, 孙亮, 卢锐. 券商声誉、制度环境与IPO公司盈余管理 [J]. 管理科学学报, 2017, 20 (7): 24-42.

[46] 陆建桥. 中国亏损上市公司盈余管理实证研究 [J]. 会计研究, 1999 (9): 25-35.

[47] 逯东, 万丽梅, 杨丹. 创业板公司上市后为何业绩变脸? [J]. 经济研究, 2015, 50 (2): 132-144.

[48] 鲁桂华, 韩慧云, 陈运森. 会计师事务所非处罚性监管与IPO审核问询——基于科创板注册制的证据 [J]. 审计研究, 2020 (6): 43-50.

[49] 罗婷, 朱青, 李丹. 解析R&D投入和公司价值之间的关系 [J]. 金融研究, 2009 (6): 100-110.

[50] 孟庆斌, 杨俊华, 鲁冰. 管理层讨论与分析披露的信息含量与股价崩盘风险——基于文本向量化方法的研究 [J]. 中国工业经济, 2017 (12): 132-150.

[51] 孟庆涛. 英语词汇教学与词块理论研究 [J]. 承德民族师专学报, 2009, 29 (1): 92-94.

[52] 彭红枫, 赵海燕, 周洋. 借款陈述会影响借款成本和借款成功率吗?——基于网络借贷陈述的文本分析 [J]. 金融研究, 2016 (4): 158-173.

[53] 祁怀锦, 黄有为. IPO前后应计与真实盈余管理策略权衡: 2007~2011年A股上市公司样本 [J]. 改革, 2014 (3): 130-141.

[54] 丘心颖, 郑小翠, 邓可斌. 分析师能有效发挥专业解读信息的作用吗?——基于汉字年报复杂性指标的研究 [J]. 经济学(季刊), 2016,

15 (4): 1483-1506.

[55] 冉茂盛,黄敬昌. 首次公开发行、盈余管理与发审委审核 [J]. 证券市场导报, 2011 (3): 29-34, 48.

[56] 史永东,王谨乐. 中国机构投资者真的稳定市场了吗? [J]. 经济研究, 2014, 49 (12): 100-112.

[57] 宋献中. 论企业核心能力信息的自愿披露 [J]. 会计研究, 2006 (2): 47-52, 97.

[58] 孙蔓莉. 上市公司年报的可理解性研究 [J]. 会计研究, 2004 (12): 23-28, 97.

[59] 汪炜,袁东任. 盈余质量与前瞻性信息披露: 正向补充还是负向替代? [J]. 审计与经济研究, 2014, 29 (1): 48-57.

[60] 王兵,辛清泉,杨德明. 审计师声誉影响股票定价吗——来自 IPO 定价市场化的证据 [J]. 会计研究, 2009 (11): 73-81, 96.

[61] 王国俊,王跃堂. 现金股利承诺制度与资源配置 [J]. 经济研究, 2014, 49 (9): 91-104.

[62] 王海燕,陈华. 违规监管、管理层薪酬与公司治理 [J]. 商业研究, 2011 (4): 38-46.

[63] 王华,张程睿. 信息不对称与 IPO 筹资成本——来自中国一级市场的经验数据 [J]. 经济管理, 2005 (6): 13-20.

[64] 王晋斌. 新股申购预期超额报酬率的测度及其可能原因的解释 [J]. 经济研究, 1997 (12): 18-25.

[65] 王克敏,王华杰,李栋栋,戴杏云. 年报文本信息复杂性与管理者自利——来自中国上市公司的证据 [J]. 管理世界, 2018, 34 (12): 120-132, 194.

[66] 王庆文. 会计盈余质量对未来会计盈余及股票收益的影响——基于中国股票市场的实证研究 [J]. 金融研究, 2005 (10): 141-152.

[67] 王守海,郑伟,张彦国. 内部审计水平与财务报告质量研究——来自中国上市公司的经验证据 [J]. 审计研究, 2010 (5): 82-89.

[68] 王雄元,曾敬. 年报风险信息披露与银行贷款利率 [J]. 金融研究, 2019 (1): 54-71.

[69] 王雄元, 李岩琼, 肖忞. 年报风险信息披露有助于提高分析师预测准确度吗? [J]. 会计研究, 2017 (10): 37-43, 96.

[70] 王咏梅, 王亚平. 机构投资者如何影响市场的信息效率——来自中国的经验证据 [J]. 金融研究, 2011 (10): 112-126.

[71] 王跃堂, 赵子夜, 魏晓雁. 董事会的独立性是否影响公司绩效? [J]. 经济研究, 2006 (5): 62-73.

[72] 魏明海. 盈余管理基本理论及其研究述评 [J]. 会计研究, 2000 (9): 37-42.

[73] 吴联生. 企业会计信息违法性失真的责任合约安排 [J]. 经济研究, 2001 (2): 77-85, 94.

[74] 吴联生. 《上市公司会计信息披露制度: 理论与证据》, 厦门大学博士后论文, 2001.

[75] 肖曙光, 蒋顺才. 我国 A 股市场高 IPO 抑价现象的制度因素分析 [J]. 会计研究, 2006 (6): 70-75.

[76] 谢德仁, 林乐. 管理层语调能预示公司未来业绩吗?——基于我国上市公司年度业绩说明会的文本分析 [J]. 会计研究, 2015 (2): 20-27, 93.

[77] 宿成建. 现金流信息、现金流风险与股票收益定价研究 [J]. 管理科学学报, 2016, 19 (5): 102-113, 126.

[78] 徐浩萍, 陈欣, 陈超. 国有企业 IPO 发行折价: 基于政策信号理论的解释 [J]. 金融研究, 2009 (10): 133-149.

[79] 薛爽, 肖泽忠, 潘妙丽. 管理层讨论与分析是否提供了有用信息?——基于亏损上市公司的实证探索 [J]. 管理世界, 2010 (5): 130-140.

[80] 杨道广, 陈汉文, 刘启亮. 媒体压力与企业创新 [J]. 经济研究, 2017, 52 (8): 125-139.

[81] 杨之曙, 彭倩. 中国上市公司收益透明度实证研究 [J]. 会计研究, 2004 (11): 62-70, 97.

[82] 姚绍真, 王新宇, 王元地, 宋学锋. 招股书净利润预测误差与初始收益率关系——1993—2009 年我国 A 股 IPO 市场的证据 [J]. 系统管理

学报,2012,21(2):230-238,251.

[83] 姚颐,赵梅. 中国式风险披露、披露水平与市场反应[J]. 经济研究,2016,51(7):158-172.

[84] 叶德珠,陈霄. 标点与字数会影响网络借贷吗——来自人人贷的经验证据[J]. 财贸经济,2017,38(5):65-79.

[85] 于富生,王成方. 国有股权与IPO抑价——政府定价管制视角[J]. 金融研究,2012(9):155-167.

[86] 于李胜,王艳艳. 信息不确定性与盈余公告后漂移现象(PEAD)——来自中国上市公司的经验证据[J]. 管理世界,2006(3):40-49,56,171-172.

[87] 詹雷,王瑶瑶. 管理层激励、过度投资与企业价值[J]. 南开管理评论,2013,16(3):36-46.

[88] 张继袖,周晓苏. 审计质量、投资者法律保护与盈余透明度[J]. 山西财经大学学报,2007(6):118-124.

[89] 张敏,张胜,王成方,申慧慧. 政治关联与信贷资源配置效率——来自我国民营上市公司的经验证据[J]. 管理世界,2010(11):143-153.

[90] 张正勇,濮飞燕. 公司战略影响社会责任绩效吗?——基于融资需求的角度[J]. 山东财经大学学报,2017,29(4):11-20.

[91] 张宗益,黄新建. 我国上市公司首次公开发行股票中的盈余管理实证研究[J]. 中国软科学,2003(10):37-39.

[92] 周佰成,周阔. 招股说明书可读性影响IPO抑价了吗?[J]. 外国经济与管理,2020,42(3):104-117,135.

[93] 周中胜,陈汉文. 会计信息透明度与资源配置效率[J]. 会计研究,2008(12):56-62,94.

[94] 朱红军,钱友文. 中国IPO高抑价之谜:"定价效率观"还是"租金分配观"?[J]. 管理世界,2010(6):28-40.

[95] 朱乃平,朱丽,孔玉生,沈阳. 技术创新投入、社会责任承担对财务绩效的协同影响研究[J]. 会计研究,2014(2):57-63,95.

[96] 朱有为,徐康宁. 中国高技术产业研发效率的实证研究[J]. 中

国工业经济, 2006 (11): 38 – 45.

[97] 祝继高, 隋津, 汤谷良. 上市公司为什么要退市——基于盛大互动和阿里巴巴的案例研究 [J]. 中国工业经济, 2014 (1): 127 – 139.

[98] 张宗新, 滕俊樑. 注册制询价改革能否提高 IPO 定价效率?——基于科创板试点注册制改革的研究视角 [J]. 上海金融, 2020 (8): 24 – 30.

[99] Aharony J, Wong T J. Financial Packaging of IPO Firms in China [J]. Journal of Accounting Research, 2000, 38 (1): 103 – 126.

[100] Akerlof G A. The market for "lemons": Quality uncertainty and the market mechanism [J]. The Quarterly Journal of Economics, 1970: 488 – 500.

[101] Allee K D, Deangelis M D. The Structure of Voluntary Disclosure Narratives: Evidence from Tone Dispersion [J]. Journal of Accounting Research, 2015, 53 (2): 241 – 274.

[102] Allen F, Faulhaber G. R. Signaling by Underpricing in the IPO Market [J]. Journal of Financial Economics, 1989, 23 (89): 303 – 323.

[103] Ananth, Madhavan. Security Prices and Market Transparency [J]. Journal of Financial Intermediation, 1996.

[104] Arnold A J. UK Accounting Disclosure Practices and Information Asymmetry During the First Quarter of the Twentieth Century: The Effects on Book Returns and Dividend Cover [J]. Journal of Business Finance & Accounting, 2010, 25 (7&8): 775 – 794.

[105] Balakrishnan, K. & E. Bartov, 2011, "Analysts Use of Qualitative Earnings Information: Evidence from the IPO Prospectus's Risk Factors Section", University Of Pennsylvania Working Paper.

[106] Ball R., Shivakumar L. Earnings quality at initial public offerings [J]. Journal of Accounting & Economics, 2008, 45 (2 – 3): 324 – 349.

[107] Ball R., Shivakumar L. Earnings quality in UK private firms: comparative loss recognition timeliness [J]. Journal of Accounting and Economics, 2005, 39 (1): 83 – 128.

[108] Ball, R. and Brown, P., "An empirical evaluation of accounting income numbers" [J]. Journal of Accounting Research, 1968, 6 (2): 159 – 178.

[109] Bao Y, Datta A. Simultaneously discovering and quantifying risk types from textual risk disclosures [J]. Management Science, 2014, 60 (6): 1371-1391.

[110] Barron, O. E. and Karpoff, J. M., "Information precision, transaction costs, and trading volume" [J]. Journal of Banking and Finance, 2004, 28 (6): 1207-1223.

[111] Barry C B., Brown S J., Differential information and the small firm effect [J]. Journal of Financial Economics, 1984, 13 (2): 283-294.

[112] Barry, C. B. and Brown S. J., Differential Information and Security Market Equilibrium [J]. Journal of Financial and Quantitative Analysis, 1985, 20 (4): 407-422.

[113] Beasley M. S. An Empirical Analysis of the Relation between the Board of Director Composition and Financial Statement Fraud [J]. The Accounting Review, 1996, 71 (4): 443-465.

[114] Beasley Mark S. An empirical analysis of the relation between board of director Composition and Financial Statement Fraud [J]. The Accounting Review, 1996: 511-543.

[115] Bellstam G., Bhagat S., Cookson J A. A Text-Based Analysis of Corporate Innovation [J]. SSRN Electronic Journal, 2016.

[116] Bhattacharya U., Welker D M. The World Price of Earnings Opacity [J]. The Accounting Review, 2003, 78 (3): 641-678.

[117] Bhushan, R., "Firm characteristics and analyst following" [J], Journal of Accounting and Economics, 1989, 11 (2-3): 255-275.

[118] Biddle G. C., Hilary G., Verdi R. S. How Does Financial Reporting Quality Improve Investment Efficiency? [J]. Journal of Accounting & Economics, 2009, 48 (2-3): 112-131.

[119] Bosworth D, Rogers M. Market value, R&D and intellectual property: an empirical analysis of large Australian firms [J]. Economic Record, 2001, 77 (239): 323-337.

[120] Boudoukh J., Richardson M., Feldman R., et al. Which News

Moves Stock Prices? A Textual Analysis [J]. Nber Working Papers, 2013.

[121] Boulton, Thomas J. & Smart, et al. Earnings Quality and International IPO Underpricing. [J]. Accounting Review, 2011.

[122] Bozanic Z, Thevenot M. Qualitative Disclosure and Changes in Sell – Side Financial Analysts' Information Environment [J]. Contemporary Accounting Research, 2015, 32 (4): 151 –153.

[123] Bozanic Z., Roulstone D. T., Van Buskirk A. Management earnings forecasts and other Foward – looking statements [J]. Journal of Accounting and Economics, 2018, 65.

[124] Brockman P. & Chung D. Y. Investor protection and firm liquidity [J]. The Journal of Finance, 2003, 58 (2): 921 –938.

[125] Brown, S. J. & Barry, C. B., "Anomalies in security returns and the specification of the market model" [J]. The Journal of Finance, 1984, 39 (3): 807 –815.

[126] Brown, S. V. and Tucker, J. W., "Large – sample evidence on firms' year – over – year MD&A modifications" [J]. Journal of Accounting Research, 2011, 49 (2): 309 –346.

[127] Bryan, S. H., "Incremental information content of required disclosures contained in management discussion and analysis" [J]. The Accounting Review, 1997, 72 (2): 285 –301.

[128] Bushee B. J., Carter M. E., Gerakos J. Institutional Investor Preferences for Corporate Governance Mechanisms [J]. Journal of Management Accounting Research, 2013, 26 (2): 123 –149.

[129] Bushman R. M., Smith A J. Financial accounting information and corporate governance [J]. Journal of Accounting & Economics, 2001, 32 (1 –3): 237 –333.

[130] Campbell J L., Chen H., Dhaliwal D. S., et al. The information content of mandatory risk factor disclosures in corporate filings [J]. Review of Accounting Studies, 2014, 19 (1): 396 –455.

[131] Carter R, Manaster S. Initial Public Offerings and Underwriter Repu-

tation. [J]. Journal of Finance, 1990, 45 (4): 1045 – 1067.

[132] Chang C. C., Lin C. J. LIBSVM: a library for support vector machines [J]. ACM Transactions on Intelligent Systems and Technology (TIST), 2011, 2 (3): 27.

[133] Chang S. C., Tsai Yen Chung, Wen Chun Lin. Underwriter reputation, earnings management and the long – run performance of initial public offering [J]. Accounting and Finance, 2010, 50 (1): 53 – 78.

[134] Charme D., Larry L., Malatesta P. H., Sefcik S. E. Earnings management, stock issues, and shareholder lawsuits [J]. Journal of Financial Economics, 2004 (71): 27 – 49.

[135] Chen S., Wu D. Client Importance, Institutional Improvements, and Audit Quality in China: An Office and Individual Auditor Level Analysis [J]. Accounting Horizons, 2011, 85 (1): 127 – 158.

[136] Chen Shimin, Wang Yuetang, Zhao Ziye. Regulatory Incentives for Earnings Management through Asset Impairment Reversals in China [J]. Journal of Accounting, Auditing & Finance, 2009, 24 (4): 327 – 360.

[137] Chiyachantana C. N., Jain P. K., Jiang C., et al. International Evidence on Institutional Trading Behavior and Price Impact [J]. Journal of Finance, 2004, 59 (2): 869 – 898.

[138] Clarkson PM, Kao J. L., Richardson G D. The voluntary inclusion of forecasts in the MD&A section of annual reports [J]. Contemporary Accounting Research, 1994 (1): 423 – 450.

[139] Clarkson, P. and Thompson G. R.. On the Diversification, Observability, and Measurement of Estimation Risk [J]. The Journal of Financial and Quantitative Analysis, 1996, 31 (1): 69 – 84.

[140] Clatworthy M. A., JONES M. J. Differential patterns of textual characteristics and company performance in the chairman's statement [J]. Accounting Auditing & Accountability Journal, 2006, 19 (4): 493 – 511.

[141] Cohen D. A., Dey A, Lys T. Z., Real and Accrual – Based Earnings Management in the Pre – and Post – Sarbanes Oxley Periods [J]. Account-

ing Review, 2008, 83 (3): 757 -787.

[142] Cortes C., Vapnik V. Support - vector networks [J]. Machine Learning, 1995, 20 (3): 273 -297.

[143] Darrough M. N., N M Stoughton. Financial Disclosure Policy in an Entry Game [J], Journal of Accounting and Economics, 1990, 12: 219 -243.

[144] Dasgupta A, Prat A, Verardo M. The Price Impact of Institutional Herding [J]. Review of Financial Studies, 2010, volume 24 (3): 892 -925 (34).

[145] Davis A. K., Ge W., Matsumoto D., et al. The effect of manager - specific optimism on the tone of earnings conference calls [J]. Review of Accounting Studies, 2015, 20 (2): 639 -673.

[146] Davis A. K., Piger J. M., Sedor L. M. Beyond the Numbers: Measuring the Information Content of Earnings Press Release Language [J]. Contemporary Accounting Research, 2012a, 29 (3): 845 -868.

[147] Davis A. K., Tama - Sweet I. Managers' Use of Language Across Alternative Disclosure Outlets: Earnings Press Releases versus MD&A [J]. Contemporary Accounting Research, 2012b, 29 (3): 838 -844.

[148] De Franco, G., Hope, O., Vyas, D. and Zhou, Y., "Analyst report readability", Contemporary Accounting Research, 2015, 32 (1): 76 -104.

[149] Dechow P. M., R G Sloan, A. P. Sweeney. Causes and consequences of earnings manipulation: An analysis of firms subject to enforcement actions by the SEC [J]. Contemporary Accounting Research 13, Spring, 1996: 86 -109.

[150] Dechow, Patricia, M, et al. The Quality of Accruals and Earnings: The Role of Accrual Estimation Errors [J]. Accounting Review, 2002. 77: 35 -59.

[151] Demers E A, Vega C. Linguistic Tone in Earnings Announcements: News or Noise? [J]. Ssrn Electronic Journal, 2011.

[152] Demirguc - Kunt, A., Maksimovic. V. Law, Finance, and Firm Growth [J]. Journal of Finance, 1998, 53 (6): 2107 -2137.

[153] Diamond D. W., Verrecchia R. E. Disclosure, Liquidity, and the

Cost of Capital [J]. The Journal of Finance, 1991, 46 (4).

[154] Diamond, D. W. and Verrecchia, R. E. , "Disclosure, liquidity, and the cost of capital", The Journal of Finance, 1991, 46 (4): 1325 – 1359.

[155] Dietrich, J. R. , Kachelmeier, S. J. , Kleinmuntz, D. N. and Linsmeier, T. J. , 1997, "An experimental investigation of Foward – looking non – financial performance disclosures", Working paper, The Ohio State University.

[156] Doukas J, Switzer L. The stock market's valuation of R&D spending and market concentration [J]. Journal of Economics and Business, 1992, 44 (2): 95 – 114.

[157] Ducharme L. L. , Malatesta P. H. , Sefcik S. E. Earnings Management: IPO Valuation and Subsequent Performance [J]. Journal of Accounting, Auditing and Finance, 2001, 16 (4): 369 – 396.

[158] Durnev A. , Kim E. H. To Steal or Not to Steal: Firm Attributes, Legal Environment, and Valuation [J]. Journal of Finance, 2005, 60 (3): 1461 – 1493.

[159] El – Gazzar S. M. Predisclosure information and institutional ownership: A cross – sectional examination of market revaluations during earnings annoucement periods [J]. The Accounting Review, 1998, 73 (1): 119 – 129.

[160] Eng L. L. , Y T Mak. , Corporate governance and voluntary disclosure [J]. Journal of Accounting and Public Policy, 2003, 22: 325 – 345.

[161] Fama E. Agency problems and the theory of the firm [J]. Journal of Political Economy, 1980, 88: 288 – 307.

[162] Fama E. F. , Jensen M. C. Agency Problems and Residual Claims [J]. Journal of Law & Economics, 1983, 26 (2): 327 – 349.

[163] FAN J. P. H. , WONG T. J. , Corporate ownership structure and the informativeness of accounting earnings in East Asia [J]. Journal of Accounting & Economics, 2002, 33 (3): 401 – 425.

[164] Fan J. P. H. , Wong T. J. , Zhang T. , Politically Connected CEOs, Corporate Governance, and the Post – IPO Performance of China's Partially Privatized Firms [J]. Journal of Applied Corporate Finance, 2007, 84 (2): 330 – 357.

[165] Fang L H. Investment bank reputation and the price and quality of underwriting services [J]. Journal of Finance, 2005, (60): 2729-2761.

[166] Feldman R., Govindaraj S., Livnat J., et al. Management's tone change, post earnings announcement drift and accruals [J]. Review of Accounting Studies, 2010, 15 (4): 915-953.

[167] Forker. Corporate governance and disclosure quality [J]. Accounting and Business Research, 1992, 22: 431-462.

[168] Frank, Ecker, Jennifer, et al. A Returns-Based Representation of Earnings Quality [J]. Accounting Review, 2006, 81 (4): 749-780.

[169] Friedlan J M. Accounting Choices of Issuers of Initial Public Offerings [J]. Contemporary Accounting Research, 2010, 11 (1): 1-31.

[170] Gelb D S., Zarowin P. Corporate Disclosure Policy and the Informativeness of Stock Prices [J]. Review of Accounting Studies, 2002, 7 (1): 33-52.

[171] Gelb D. S. Intangible assets and firms' disclosures: An empirical investigation [J]. Journal of Business Finance & Accounting, 2002, 29 (3-4): 457-476.

[172] Gentzkow M., Kelly B. T., Taddy M. Text As Data [J]. Social Science Electronic Publishing, 2017.

[173] Goel S., Gangolly J., Faerman S. R., et al. Can linguistic predictors detect fraudulent financial filings? [J]. Journal of Emerging Technologies in Accounting, 2010, 7 (1): 25-46.

[174] Graham J R, Harvey C R, Rajgopal S. The Economic Implications of Corporate Financial Reporting [J]. Journal of Accounting & Economics, 2005, 40 (1/3): 3-73.

[175] Gregory R., Mendelsonh R. Perceived Risk, Dread, and Benefits [J]. Risk Analysis, 1993, 13 (3): 259-264.

[176] Grossman S J, Stiglitz J E. On the impossibility of informationally efficient markets [J]. The American economic review, 1980, 70 (3): 393-408.

[177] Gunny K. A. The Relation Between Earnings Management Using

Real Activities Manipulation and Future Performance: Evidence from Meeting Earnings Benchmarks [J]. Contemporary Accounting Research, 2010, 27.

[178] Hall B. H. The stock market's valuation of R&D investment during the 1980's [J]. The American Economic Review, 1993, 83 (2): 259 – 264.

[179] Hall, E. T., 1976, "Beyond culture", Chicago, 43 (7): 4 – 20.

[180] Han B. H., Manry D. The value – relevance of R&D and advertising expenditures: Evidence from Korea [J]. The International Journal of Accounting, 2004, 39 (2): 155 – 173.

[181] Hanley K W, Hoberg G. Litigation risk, strategic disclosure and the underpricing of initial public offerings [J]. Journal of Financial Economics, 2012, (3): 235 – 254.

[182] Hanley K. W., Hoberg G. The Information Content of IPO Prospectuses [J]. Review of Financial Studies, 2010, 23 (7): 2821 – 2864.

[183] Healy P. M., Palepu K. G. Information asymmetry, corporate disclosure, and the capital markets: A review of the empirical disclosure literature [J]. Journal of Accounting & Economics, 2001, 31 (1 – 3): 405 – 440.

[184] Hoberg G., Phillips G. Product Market Synergies and Competition in Mergers and Acquisitions: A Text – Based Analysis [J]. The Review of Financial Studies, 2010, 23 (10): 3773 – 3811.

[185] Hossain M., Tan L. M., Adams M. Voluntary disclosure in an emerging capital market [J]. International Journal of Accounting, 1994, 29: 334 – 351.

[186] Hsieh C. C, Hui K. W., Zhang Y. Analyst Report Readability and Stock Returns [J]. Journal of Business Finance & Accounting, 2015, 43 (1 – 2): 98 – 130.

[187] Huang, A. H., Zang, A. Y. and Zheng, R., "Evidence on the information content of text in analyst reports" [J]. The Accounting Review, 2014, 89 (6): 2151 – 2180.

[188] Huang, X., Teoh, S. H. and Zhang Y., "Tone Management" [J]. The Accounting Review, 2014, 89 (3): 1083 – 1113.

[189] Humpherys S. L., Moffitt K. C., Burns M. B., et al. Identification of fraudulent financial statements using linguistic credibility analysis [J]. Decision Support Systems, 2011, 50 (3): 585 - 594.

[190] Hussainey, K. and Walker, M., "The effects of voluntary disclosure policy and dividend propensity on prices leading earnings" [J]. Accounting Business Research, 2009, 39 (1): 37 - 55.

[191] Hussainey, K., Schleicher, T. and Walker, M., "Undertaking large - scale disclosure studies when AIMR - FAF ratings are not available: the case of prices leading earnings", Accounting Business Research, 2003, 33 (4): 275 - 294.

[192] Jaffee, D. M., and T. Russell. Imperfect Information, Uncertainty and Credit Rationing [J]. The Quarterly Journal of Economics, 1976, 90, (4): 651 - 666.

[193] Jaggi C. B. Association between independent non - executive directors, family control and financial disclosures in Hong Kong [J]. Journal of Accounting and Public Policy, 2000.

[194] James S. D., Shaver J. M., Motivations for voluntary public R&D disclosures [J]. Strategic Management Journal, 2009, 31 (11): 1202 - 1225.

[195] James, C., Brau, et al. Soft Strategic Information and IPO Underpricing [J]: Journal of Behavioral Finance, 2016, 17 (1): 1 - 17.

[196] Jegadeesh N, Wu D. Word power: A new approach for content analysis [J]. Journal of Financial Economics, 2013, 110 (3): 712 - 729.

[197] Jensen M. C., Meckling W. H. Theory of the Firm: Managerial Behavior, Agency Costs and Capital Structure [J]. Ssrn Electronic Journal, 1976, 3 (4): 305 - 360.

[198] Kravet T., Muslu V., Textual risk disclosures and investors' risk perceptions [J]. Review of Accounting Studies, 2013, 18 (4): 1088 - 1122.

[199] Lafond R., Watts R. L. The Information Role of Conservatism [J]. Accounting Review, 2008, 83 (2): 447 - 478.

[200] Lang M. H., Lundholm R. J. Voluntary Disclosure and Equity

Offerings: Reducing Information Asymmetry or Hyping the Stock? [J]. Contemporary Accounting Research, 2000, 17 (4): 623 – 662.

[201] Carol, A., Marquardt, et al. Voluntary Disclosure, Information Asymmetry, and Insider Selling through Secondary Equity Offerings [J]. Contemporary Accounting Research, 1998.

[202] Lang, M. and Lundholm, R., "Cross – sectional determinants of analyst ratings of corporate disclosures", Journal of Accounting Research, 1993, 31 (2): 246 – 271.

[203] Lang, M. and Lundholm, R., "The relation between security returns, firm earnings, and industry earnings", Contemporary Accounting Research, 1996, 13 (2): 607 – 629.

[204] Lee G., Masulis R. W. Do more reputable financial institutions reduce earnings management by IPO issuers? [J]. Journal of Corporate Finance, 2011, (17): 982 – 1000.

[205] Lehavy R., Li F., Merkley K. J. The Effect of Annual Report Readability on Analyst Following and the Properties of Their Earnings Forecasts [J]. Accounting Review, 2011, 86 (3): 1087 – 1115.

[206] Leuz C., Verrecchia R. E. The Economic Consequences of Increased Disclosure [J]. Working Paper, 1999, 38 (5): 91 – 124.

[207] Li F. Annual report readability, current earnings, and earnings persistence [J]. Journal of Accounting and Economics, 2008, 45 (2 – 3): 221 – 247.

[208] Li F. Textual analysis of corporate disclosures: A survey of the literature [J]. Journal of Accounting Literature, 2010a, 29: 143 – 165.

[209] Li F. The information content of Foward – looking statements in corporate filings – a naïve Bayesian machine learning approach [J]. Journal of Accounting Research, 2010b, 48 (5): 1049 – 1102.

[210] Li F., Lundholm R., Minnis M., A measure of competition based on 10 – K filings [J]. Journal of Accounting Research, 2013, 51 (2): 399 – 436.

[211] Li F. , Lundholm R. , Minnis M. , The impact of perceived competition on the profitability of investments and future stock returns [R]. Working Paper, 2010.

[212] Libby R. , Bloomfield R. , Nelson M. W. Experimental research in financial accounting [J]. Accounting, Organizations and Society, 2002, 27 (8): 775 – 810.

[213] Liberti José María, Petersen M A. Information: Hard and Soft [J]. Review of Corporate Finance Studies, 8 (1): 1 – 41.

[214] Loughran T. , Mcdonald B. Textual Analysis in Accounting and Finance: A Survey [J]. Journal of Accounting Research, 2016, 54 (4): 1187 – 1230.

[215] Loughran T. , Mcdonald B. When Is a Liability Not a Liability? Textual Analysis, Dictionaries, and 10 – Ks [J]. Journal of Finance, 2011, 66 (1): 35 – 65.

[216] Loughran T. , Mcdonald B. IPO first – day returns, offer price revisions, volatility, and form S – 1 language [J]. Journal of Financial Economics, 2013, 109 (2): 307 – 326.

[217] Loughran T. , Ritter J R. , Rydqvist K. , Initial public offerings: International insights [J]. Pacific – Basin Finance Journal, 1995, 3 (1): 139 – 140.

[218] Marc Newson, Craig Deegan. Global expectations and their association with corporate social disclosure practices in Australia, Singapore, and South Korea [J]. The International Journal of Accounting, 2002, (37): 183 – 213.

[219] Mckinnon J L. , Dalimunthe L. Voluntary disclosure of segment information by Australian diversified companies [J]. Accounting & Finance, 1993.

[220] Merkley K J. Narrative disclosure and earnings performance: Evidence from R&D disclosures [J]. Accounting Review, 2014, 89 (2): 725 – 757.

[221] Muslu V. , Radhakrishnan S. , Subramanyam K. R. and Lim D. "Foward – looking MD&A disclosures and the information environment", Manage-

ment Science [J]. 2014, 61 (5): 931 – 948.

[222] Myers S. C., Majluf N. S. Corporate Financing and Investment Decisions When Firms Have Information That Investors Do Not Have [J]. Journal of Financial Economics, 1984, 20 (2): 293 – 315.

[223] Owen L, Christopher P, Saaá – Requejo Jesús. Financial Constraints and Stock Returns [J]. Review of Financial Studies, 2001 (2): 529 – 554.

[224] Pagano M., Roell A., Transparency and Liquidity: A Comparison of Auction and Dealer Markets with informed trading [J]. Journal of Finance, 1996, 51 (2): 579 – 611.

[225] Palepu H. K. G., Information asymmetry, corporate disclosure, and the capital markets: A review of the empirical disclosure literature [J]. Journal of Accounting and Economics, 2001, 31 (1 – 3): 405 – 440.

[226] Pang, B. and Lee, L., Opinion mining and sentiment analysis [J]. Foundations and Trends in Information Retrieval, 2008, 2 (1 – 2): 1 – 135.

[227] Platt, J. C., Sequential minimal optimization: a fast algorithm for training support vector machines [J]. Advances in Kernel Methods – support Vector Learning, 1998, 208 (1): 212 – 223.

[228] Porta R. L., Florencio Lopez – De – Silanes, Shleifer A. Corporate Ownership Around the World [J]. The Journal of Finance, 1999, 54 (2).

[229] Pretorius E. J., The comprehension of logical relations in expository texts by students who study through the medium of ESL [J]. System, 2006, 34 (3): 432 – 450.

[230] Price M. K., Doran J. S., Peterson D. R, et al. Earnings conference calls and stock returns: The incremental informativeness of textual tone [J]. Journal of Banking & Finance, 2012, 36 (4): 992 – 1011.

[231] Purda L., Skillicorn D. Accounting variables, deception, and a bag of words: Assessing the tools of fraud detection [J]. Contemporary Accounting Research, 2015. 32 (3): 1193 – 1223.

[232] Raffournier B. The determinants of voluntary financial disclosure by Swiss listed companies. The European Accounting Review, 1995, 4: 261 – 280.

[233] Riloff E., Shepherd J. A Corpus – Based Approach for Building Semantic Lexicons [J]. Computer Science, 2012: 117 – 124.

[234] Ritter B. J. R., Investment banking, reputation, and the underpricing of initial public offerings [J]. Journal of Financial Economics, 1986.

[235] Roosenboom, P, Van, et al. Earnings management and initial public offerings: Evidence from the Netherlands [J]. International Journal of Accounting, 2003. 38 (3): 243 – 266.

[236] Rosenberg N. Innovation and economic growth [J]. Innovation and Economic Growth, 2004.

[237] Roychowdhury S., Earnings management through real activities manipulation [J]. Journal of Accounting and Economics, 2006, 42 (3): 335 – 370.

[238] Ruland W, Tung S, George N. E. Factors associated with the disclosure of managers' forecasts [J]. The Accounting Review, 1990, 65 (3): 710 – 721.

[239] Schleicher, T., Hussainey, K. and Walker, M., 2007, "Loss firms' annual report narratives and share price anticipation of earnings", British Accounting Review, 39 (2): 153 – 171.

[240] Schumpeter J. A. The theory of economic development: An inquiry into profits, capital, credit, interest, and the business cycle [M]. Transaction publishers, 1934.

[241] Shleifer, Andrei, and R. W. Vishny., "Large Shareholders and Corporate Control." Harvard University Department of Economics, 2000.

[242] Stein, Jeremy C. Chapter 2. Agency, Information and Corporate Investment [J]. Handbook of the Economics of Finance, 2003: 111 – 165.

[243] Stigler G J. The Theory of Economic Regulation [J]. Bell Journal of Economics, 1971, 2 (1): 3 – 21.

[244] Stigler George J. The Theory of Economic Regulation. 1971, 2 (1): 3 – 21.

[245] Su D. Adverse – selection versus signaling: evidence from the pricing

of Chinese IPOs [J]. Journal of Economics & Business, 2004, 56 (1): 1 – 19.

[246] SU Y., XU D., PHAN P. H. Principal – Principal Conflict in the Governance of the Chinese Public Corporation [J]. Management & Organization Review, 2008, 4 (1): 17 – 38.

[247] Teoh S. H, Welch I., Wong T. J. Earnings Management and the Long – Run Market Performance of Initial Public Offerings [J]. Journal of Finance, 1998, 53 (6): 1935 – 1974.

[248] Teoh S. H., Welch I., Wong T. J. Earnings management and the underperformance of seasoned equity offerings [J]. Journal of Financial Economics, 1998, 50 (1): 63 – 99.

[249] Tetlock P. C. Giving Content to Investor Sentiment: The Role of Media in the Stock Market [J]. Journal of Finance, 2007, 62 (3): 1139 – 1168.

[250] Tetlock P. C., Sarr – Tsechansky M., Macskassy S. More Than Words: Quantifying Language to Measure Firms' Fundamentals [J]. Journal of Finance, 2008, 63 (3): 1437 – 1467.

[251] TINIC, Seha M., Anatomy of Initial Public Offerings of Common Stock [J]. Journal of Finance, 1988, 43 (4): 789 – 822.

[252] Twedt, B. and Rees, L., 2012, "Reading between the lines: An empirical examination of qualitative attributes of financial analysts' reports", Journal of Accounting and Public Policy, 31 (1): 1 – 21.

[253] Utpal Bhattacharya and Hazem Daouk and Michael Welker. The World Price of Earnings Opacity [J]. The Accounting Review, 2003, 78 (3): 641 – 678.

[254] Verrecchia R. "Endogenous proprietary costs through firm interdependence [J]. Journal of Accounting and Economics, 1990, 12: 245 – 250.

[255] Wang T. Y, Winton A. Yu X Y. Corporate Fraud and Business Conditions: Evidence from IPOs [J]. Journal of Finance, 2010, 65 (6): 2255 – 2292.

[256] Watts R L., Zimmerman J. L., A Positive Accounting Theory [J].

Accounting Review, 1986, 65 (5): 455 – 468.

[257] Welker M. Disclosure Policy, Information Asymmetry, and Liquidity in Equity Markets [J]. Contemporary Accounting Research, 1995, 11 (2): 801 – 827.

[258] Whited T M, Wu G. Financial Constraints Risk [J]. Review of Financial Studies, 2006, 19 (2): 531 – 559.

[259] Willenborg M., Wu B., Yang Y. S. Issuer Operating Performance and IPO Price Formation [J]. Journal of Accounting Research, 2015, 53 (5): 1109 – 1149.

[260] Wind J., Mahajan V. Editorial: Issues and opportunities in new product development: An introduction to the special issue [J]. Journal of Marketing Research, 1997, 34 (1): 1 – 12.

[261] Wong T. I. W. J. Earnings management and the underperformance of seasoned equity offerings [J]. Journal of Financial Economics, 1998.

图目录

图 1-1　全书研究框架 …………………………………………… 6
图 1-2　全书章节安排 …………………………………………… 10
图 2-1　新股发行制度改革研究框架示意图 …………………… 23
图 3-1　第 3 章研究框架 ………………………………………… 35
图 3-2　我国新股发行制度改革历程 …………………………… 36
图 3-3　资本市场信息披露模型 ………………………………… 41
图 3-4　多元主体的信息披露法律责任体系 …………………… 46
图 3-5　香港证券市场监管体系结构 …………………………… 59
图 4-1　第 4 章研究思路 ………………………………………… 74
图 5-1　第 5 章研究框架 ………………………………………… 107

表目录

表 3-1	《证券法》修订前后条款对比	43
表 3-2	招股说明书正文构成对比	52
表 3-3	法律体系构成比较	61
表 3-4	中国内地和中国香港欺诈发行法律责任	62
表 3-5	注册制下信息披露监管体制比较表	63
表 3-6	中国内地和中国香港监督执法权力对比表	65
表 3-7	D生物科创板与港股招股说明书对应关系	67
表 4-1	变量定义一览表	81
表 4-2	主要变量描述性统计结果	83
表 4-3	相关系数矩阵	84
表 4-4	单变量分析	85
表 4-5	注册制改革与IPO公司应计盈余管理回归结果	86
表 4-6	按融资需求高低分组回归结果	87
表 4-7	Tobit模型回归结果	89
表 4-8	选择2015年以后IPO公司样本后的回归结果	90
表 4-9	PSM后回归结果	92
表 4-10	按公司治理水平高低分组回归结果	94
表 4-11	按市场化进程和法治环境分组回归结果	96
表 4-12	根据产品市场竞争程度高低回归结果	98
表 4-13	按是否有私募持股分组回归结果	101
表 4-14	按券商声誉高低分组回归结果	103
表 5-1	变量定义一览表	123

表 5-2　描述性统计 …………………………………………………… 125

表 5-3　相关系数矩阵 ………………………………………………… 127

表 5-4　单变量分析 …………………………………………………… 128

表 5-5　注册制改革与招股说明书可读性回归结果 ………………… 130

表 5-6　注册制改革与招股说明书创新信息披露回归结果 ………… 131

表 5-7　注册制改革与招股说明书前瞻性信息披露回归结果 ……… 133

表 5-8　注册制改革与招股说明书风险信息披露回归结果 ………… 135

表 5-9　注册制改革与招股说明书本书语调回归结果 ……………… 136

表 5-10　Tobit 模型回归结果………………………………………… 139

表 5-11　变换样本区间后回归结果 ………………………………… 141

表 5-12　注册制与文本信息披露质量回归结果（K 近邻匹配）……… 143

表 5-13　注册制与文本信息披露质量回归结果（核匹配）…………… 144